448.64
843

DATE DUE

1 3 MAY 2022		W/T

PRINTED IN U.S.A.

First published in 2007 by Middlesex University Press

Copyright © Nancy Boulicault

ISBN: 978 1 904750 25 3

A CIP catalogue record for this book is available from
The British Library

Design by Helen Taylor

Printed in the UK by Cambridge Printing

Middlesex University Press
North London Business Park
Oakleigh Road South
London N11 1QS

Tel: +44 (0)20 8411 4162
Fax: +44 (0)20 8411 4167

www.mupress.co.uk

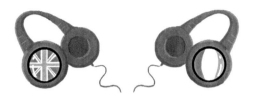

RADIO FRANGLAIS

Nancy Boulicault

iilustré par/illustrated by
Alisa Kwan

Middlesex
University
PRESS

A big thank you to / Un grand merci à

Pascal, Marion & Daphne
l'Ecole Wix et son directeur/director Gérard Martinez
et personnel/staff, étudiants/students
le Consulat Français à Londres/London
Mme Bernard – Prof de Français/French teacher

RADIO FRANGLAIS

Bilingual
Expérience Bilingue

1 intrigue/plot en/in 2 langues/languages

A page-turning plot **sweeps you from French to English and back again** as the adventures of the Radio Franglais team bring the **reader with good French skills** an authentic bilingual experience. For help along the way consult the bilingual glossary at the end of the book where you'll find all **asterisked words* from the text**. Test your comprehension by answering the questions in the **bilingual Quiz**.

Une intrigue palpitante et moderne qui, en suivant les aventures de l'équipe de Radio Franglais, **vous entraîne du français à l'anglais et inversement**, offrant une vraie expérience bilingue. **Lecteur d'un bon niveau d'anglais**, vous n'êtes pas contre un petit coup de pouce. Cherchez donc le sens des **mots suivis d'un astérisque*** dans le lexique bilingue à la fin du livre. Et pour être sûr d'avoir tout compris, n'oubliez pas le **Quiz bilingue**.

www.radiofranglais.com

Contents

Chapitre 1

Allez White Tower

Juliette s'arrête dans le couloir du lycée devant la grande vitre du studio Radio Franglais. Elle pose son sac du sport avec ses fleurets d'escrime par terre.

Au même moment les haut-parleurs accrochés au mur au-dessus de la vitre diffusent le reportage de son ami, Josh, de la White Tower Comprehensive School… *the number 10 sends a long pass… It's a race – White Tower against Ringe Technical! The ball is out of bounds. It's a Corner!!!! A chance to equal the score – one minute before the end of regulation time!*

Juliette lève les yeux. Sur l'écran entre les haut-parleurs, la traduction du commentaire de Josh défile… *Corner!!! L'opportunité d'égaliser à une minute avant la fin du temps réglementaire!*

Juliette est si contente pour Josh. Ce n'était pas facile de convaincre l'équipe éditoriale de Radio Franglais de transmettre le match White Tower v. Ringe Tech en entier. Surtout avec Charlotte qui ne cessait de crier, *Mais, ce n'est pas juste. C'est mon émission, Charlotte Reçoit, qui démarrera en retard à cause d'un match de foot ridicule!*

Juliette elle-même a hésité. Mais enfin c'était une bonne

décision. Voici une fin de match palpitante pour les auditeurs de Radio Franglais!

Juliette n'est pas la seule à le penser. Regardant par la vitre elle voit Chloé assise à la table de mixage, casque sur la tête, et Paul qui tape furieusement pour traduire le commentaire de Josh pour l'écran et pour le site internet de Radio Franglais. Tous les deux sourient comme des fous.

Le commentaire de Josh continue… *a goal will take us to extra time and the golden goal!… the number 10, Will Johnson, takes the corner. He plays it short…*

Juliette croise les doigts en lisant la suite de la traduction sur l'écran… *le numéro 17 de White Tower, Adit Mirpuri prend la balle. Il shoote… et c'est un goalllll…* Toute seule dans le couloir, Juliette ne peut pas s'empêcher de sauter de joie. A travers la vitre Juliette voit que Charlotte et Paul, en bons réalisateurs de radio, continuent de surveiller le déroulement de l'émission même s'ils ne peuvent pas s'empêcher de sourire.

Il y a de quoi être fier de l'équipe Radio Franglais, pense Juliette en regardant sa meilleure amie, Chloé, et Paul, le petit frère de Charlotte, qui travaillent comme les 'pros'. *Les étudiants de White Tower Comprehensive, comme Josh, et les étudiants du Lycée à Londres comme Chloé et Paul sont tellement différents les uns des autres: écoles différentes, langues différentes, cultures différentes. A nous regarder on ne nous donnerait aucune chance de travailler ensemble. Et aucune chance de gagner le Prix PIJE.*

Mais, réfléchit Juliette, *comme dit la phrase en anglais: Looks can be deceiving; les apparences peuvent être trompeuses. White Tower semblait perdre le match mais ils vont peut-être gagner pendant les prolongations! Serait-il possible que malgré les apparences et nos différences Radio*

Franglais gagne le Prix PIJE?

Devant la porte de studio, Juliette se prend à rêver. Elle se voit avec Josh, Paul, Chloé et les autres membres de l'équipe Radio Franglais au Parlement européen à Bruxelles sur la plus haute marche du podium des gagnants sous une grande bannière avec les mots:

**Projet d'Intégration des Jeunes d'Europe/
Spirit of Integration in Europe Prize
Radio Franglais
Premier Prix et Jeunes Ambassadeurs/First Prize and
Young Ambassadors...**

Juliette revient brusquement à la réalité quand elle sent une main sur son épaule.

– Charlotte! Tu m'as fait peur, dit-elle affolée. Puis elle remarque un homme de petite taille caché derrière Charlotte.

– Bonjour Monsieur, ajoute-t-elle poliment.

Charlotte, grande, mince, vêtue de vêtements dernier cri, se met a taper impatiemment du pied.

– Juliette! Dépêche-toi d'ouvrir la porte! *Tap, tap, tap*, font ses bottes aux talons hauts. On a perdu assez de temps avec ce match de foot stupide!

– Oui! Le Foot! dit le petit homme.

– Non, Monsieur Pincus. FOOT! FINI! Charlotte exagère chaque mot.

– Le Foot! C'est tout ce qu'il comprend en français, Charlotte s'adresse à Juliette. Mais, tant pis. C'est un V.I.P. Et puis Paul va traduire tout l'entretien pour moi.

– *Un V.I.P.?* se demande Juliette, en regardant M. Pincus avec ses lunettes en demi-lune et ses cheveux épars. Encore la preuve que les apparences peuvent être trompeuses!

– M. Pincus est le Secrétaire de l'Association des Parents d'Elèves de White Tower, continue Charlotte. C'est un scandale de nous faire attendre.

– Allez White Tower! dit M. Pincus.

– FOOT! FINISHED! dit Charlotte à M. Pincus. Puis se retournant vers Juliette, elle ajoute, Ouvre enfin! Les fans de *Charlotte Reçoit* ont assez attendu!

– Mais, il y a prolongations…

– Prolongations! OUI! exulte M. Pincus.

– Je ne comprends rien à ces trucs de foot, dit Charlotte en appuyant sur le bouton.

Le 'clic' de la serrure de sécurité de la porte signale que la porte est ouverte. Charlotte écarte Juliette de son chemin pour entrer dans le studio. M. Pincus la suit en s'excusant.

*****

Chloé, membre de l'Equipe d'Escrime du lycée comme Juliette, est partie en Salle d'Escrime pour s'entraîner. Juliette prend sa place à la table de mixage. Mais même avec son casque de réalisateur, Juliette entend le bruit des talons hauts de Charlotte.

Charlotte fait les cent pas* dans l'espace étroit entre la chaise de Juliette et le canapé ridicule qu'elle juge indispensable pour son émission durant laquelle elle s'entretient avec des V.I.Ps. *Tap, Tap, Tap.* Juliette ne peut plus la supporter! Elle ferme son micro, se retourne sur sa chaise et enlève son casque à moitié.

– Charlotte, dit-elle d'un voix qu'elle espère raisonnable. C'est dommage, mais tu ne vas pas pouvoir commencer ton émission, même en retard… Juliette entend la voix de Josh dans son casque. Elle se retourne rapidement.

– I'm here Josh! dit Juliette en faisant de son mieux pour ne plus penser à Charlotte. Interview with a fan – great! No, there's no problem. Everything is under control here.

Charlotte tire la langue dans le dos de Juliette.

– Bon, puisque c'est comme ça, elle fulmine tout bas. Puis à haute voix elle ordonne à son petit frère, Paul! Il faut sortir M. Pincus…

– Mais, dit Paul. Je traduis…

– Paul!!!

– Okay! grogne Paul.

A la porte du studio Paul et M. Pincus attendent Charlotte.

– Arrête de traîner, exclame Charlotte en ramassant ses papiers. J'arrive.

Charlotte regarde la porte se fermer derrière son frère et M.Pincus. Puis elle se dirige vers la porte, tout en comptant.

– Dix, neuf, huit, sept, six, cinq, quatre, trois, deux, un et commençons, dit-elle tout bas en même temps qu'elle tombe sur la moquette gris pale.

– Oh non! gémit* Charlotte, J'ai mal!

– Extra time starts in 2 minutes. Standing by, Josh, dit Juliette.

– AIEEEEE!!! hurle Charlotte, AIEEEEEEEEE!!!!

Juliette se retourne et voit Charlotte écroulée par terre.

– AIEEEEEEEE !!!!! Charlotte sanglote. Paul, gémit-elle. JE VEUX PAUL!!!!

– Pauvre Charlotte! Je vais chercher Paul, dit Juliette. Il ne peut pas être loin.

Juliette fait un bond et ouvre la porte. Elle court vers l'escalier au fond du couloir. Pendant ce temps, Charlotte se met debout, ferme la porte à clef derrière Juliette et s'installe à la table de mixage. Tout d'un coup, Juliette entend la voix de Charlotte dans le couloir… *Fans de Charlotte Reçoit, merci de votre patience! Pour vous récompenser une émission exceptionnelle! Oui – un vrai régal – avec Le Best de Charlotte!*

Juliette se fige sur place. Inutile d'essayer d'ouvrir la porte du studio. Pas la peine de frapper sur la grande vitre. Charlotte trouverait tous ses efforts pour entrer dans le studio amusants, sans doute. Mais que faire, alors? Juliette ne pense qu'à une chose – sa meilleure amie. En se remettant à courir vers l'escalier, Juliette pense, *Je dois retrouver Chloé en Salle d'Escrime.*

Chapter 2

Josh's Own Goal

Josh cannot believe his luck. He turns his head to look again at the scoreboard above the stands:

White Tower 1 – Visitors 1
Time: 90:00
GOLDEN GOAL!!!!!

On the studio feed he hears Juliette's voice, *Extra time starts in 2 minutes. Station identification in 30 seconds.*

– Okay Juliette, says Josh. Starting commentary:
Stay with Radio Franglais as Radio Franglais stays with the match White Tower v Ringe Tech all the way to the thrilling final. We are streaming en Français on the web at www.Radiofranglais.org.uk. While the teams are coming onto the pitch, we go back to the studio for a brief station identification…

Josh presses his earpiece… silence… *What could be wrong?* Josh continues to commentate:
You are listening to Radio Franglais on air and on the web. White Tower are coming out of a huddle with a roar. Whatever Coach Crocker said to the team in the locker room – now is the time to put it into practice. Wow! Right from the start of this extra time White Tower are going for goal. Even the

goalie is coming forward. Risky tactics. Can tired legs make this work? Here comes a pass…

Josh hears a click in his earpiece and then… *Fans de Charlotte Reçoit, merci de votre patience!* Josh can't believe his ears! *What's going on? Why has Juliette cut me off?* Josh continues his commentary though he knows nobody can hear him, *Number 10 in the centre has the pass.*

Josh tries to block out Charlotte's voice in his ear. *Aujourd'hui on a une émission exceptionnelle.* He knows it's useless but he has to finish his commentary, *He's going for it! It's a shot! It's a goal!! It's a golden goal for White Tower!!*

Josh stares up at the Scoreboard where it reads White Tower 2 – Visitors 1. He looks at the team celebrating on the pitch. He can no longer ignore Charlotte's voice… *Oui – un vrai régal*… avec Le Best de Charlotte! Oui vous avez bien entendu! Les meilleurs moments de Charlotte Reçoit…*

Josh throws his headphones on the ground. *Juliette let Charlotte do this! Maybe it was all a set-up**, thinks Josh as he races across the field towards a far wall. Will Johnson and Adit Mirpuri, stars of the match and Josh's friends, reach out to stop him but Josh doesn't even see them.

Vaulting over the low wall, Josh races through the streets of his neighbourhood towards the Lycee. He takes a short cut, running through a playground with broken swings past concrete blocks of housing with grey walls broken up by depressing red balconies. Out onto the street again, Josh bobs and weaves* around pedestrians, taking no notice of the increasingly posh shops and houses.

Running along the wall outside the Lycee he can see students coming out of late classes and after-school clubs. Slowing down, Josh peels off his White Tower uniform pullover, turns it inside out to hide the logo, and pulls it back over his head. The collar of his shirt is half up around his ears and half squashed beneath his pullover. With his face red from running, his blue eyes glinting with anger, and his short brown hair standing on end, he looks mad.

Seeing a group of students coming out of the building he slips inside before the door closes. Josh sprints around the corner and bolts up three flights of stairs. He has never gone to the studio by this staircase, but Charlotte's voice coming out of the fourth floor speakers guides him as he climbs the last flight of stairs… *et maintenant le clip où j'interviewe Madame Josie Martin, Assistante de…*

– JOSH, cries Charlotte when she sees him at the studio window.

…Pardon, je veux dire, Madame Josie Martin, Assistante de Mr. Rimini qui lui-même s'occupe des tâches administratives au Lycée. Un poste très important… Charlotte continues while Josh bangs on the studio window. Mais vous comprendrez tout en écoutant. Charlotte launches the pre-recorded clip* and comes to the window.

– WHAT DO YOU THINK YOU'RE DOING, shouts Josh on the other side of the soundproof glass.

9

Charlotte cups her hand to her ear and shrugs her shoulders.

– JULIETTE!!!!!!! WHERE IS SHE?

Charlotte shrugs.

– CHLOE!!!

Charlotte grabs a paper and pen and starts to scribble. She holds the paper up to the glass. On it is a picture of two crossed swords with the words, Salle d'Escrime underlined underneath.

*****

Racing down the stairs and along the corridors following the signs to the Salle d'Escrime, Josh bumps into a group of teachers coming out of the staff room.

– Ce n'est pas un terrain de foot, jeune homme, says a middle-aged teacher. Revenez!!!

Josh holds up his hand in apology then jumps over the railing of a short flight of stairs to the gym.

– Ah non, says the teacher following in Josh's footsteps with the other teachers right behind. Ca ne va pas se passer comme ça, jeune homme!

Josh takes the first of two doors into the gym and runs around the edge of the room set up for a girls' volleyball session.

– Jeune homme, says the Coach blowing his whistle. Pas de chaussures de rue ici! Jeune Homme!!

Josh pushes through another door into the Salle d'Escrime and spotting Chloe in the middle of the room with Juliette he runs past the fencers battling it out on their long, narrow pistes.

– What do you think you're doing? he shouts at Juliette.

– Josh! exclaims Juliette. How did you get in?

– So you thought you could hide here after what you've done?

– I didn't do anything!

– Yeah. You didn't do anything to stop Charlotte from ruining my broadcast!

– That's not what I meant!

– I've just come from the studio. I know what I saw!

– Things aren't always what they seem. I can explain…

– Like I'm going to believe anything you say! After you pretended to be on my side…

– How can you say that? Juliette gasps. I thought you were my friend!

– I thought you were my friend. But I can't trust you…

Juliette turns on her heel.

– You can't just walk away! says Josh.

– Watch me, says Juliette.

– Jeune homme! Un instant! The middle-aged teacher has tracked Josh to the fencing hall.

– I'm not talking to you until you calm down, Juliette adds pushing the door to the girls' changing room. The door swings open and then shut. Josh stops for a second and the teacher's hand comes down on his shoulder…

– Vous avez beaucoup de choses à expliquer, jeune homme, says the teacher.

Josh shrugs off the teacher's hand and follows Juliette through the door. He takes no notice of the girls shrieking and scrambling for their clothes as he trots to catch up with Juliette who has crossed the room to the door leading to the hallway.

Catching up with her just as she pushes the door open Josh finds himself in the corridor outside the changing room facing the coach blowing his whistle while a gang of teachers, forming a semi-circle, block his path.

Chapitre 3

Peut Mieux Faire

Juliette se baisse pour ramasser une grande enveloppe posée par terre devant la porte du bureau de studio Radio Franglais. Sur l'enveloppe on peut lire: *White Tower Suggestion Box for Radio Franglais.*

Ah oui, pense Juliette en s'approchant de la grande vitre du studio. *Je dois aussi vider la Boîte à Suggestions du Lycée.*

Elle s'arrête bouche bée*. La boîte à suggestions du Lycée, accrochée au mur au-dessous de la grande vitre, est pleine à craquer de morceaux de papier. Et la grande vitre du studio ressemble à un arbre chargé de 'feuilles' de toutes les couleurs, chacune est une note *Post-it*. Juliette en arrache quelques-unes au hasard et lit:

Enfin un bon programme à Radio Franglais – le match de foot entre White Tower et Ringe Tech. Mais il vous faut tout gâcher en le coupant! Ma suggestion: fermer Radio Franglais – vous êtes nuls!!

Et un autre:

J'ai sorti mon dictionnaire français-anglais pour vous faire des suggestions dans les deux langues: Laisse Tomber!! Give It Up!!! Cut out Charlotte Reçoit au lieu de couper The English Hour Match!!

Et encore:

Radio Franglais gagner le Prix PIJE? – Ne me faites pas rire!!!

– Juliette, appelle Chloé en s'approchant. Je croyais être en retard. J'espère qu'on va pouvoir se mettre d'accord sur un programme à enregistrer pour le PIJE cette fois. On ne peut pas continuer comme…

– Mais, qu'est ce qui se passe? demande Chloé en détachant de la vitre un *Post-it* rose vif. Il n'y a jamais de 'suggestions'!

– Il semble que 'nos chers auditeurs' ne sont pas contents, dit Juliette.

– Ecoute-moi ça, s'exclame Chloé.

Même vous, aussi incompétents, vous pouvez au moins passer de la musique? D'abord prenez un CD, puis mettez-le dans un…

– Inutile de continuer. J'ai compris! Les 'suggestions' de White Tower, dit Juliette en montrant l'enveloppe qu'elle a ramassée, doivent être encore plus provocantes.

Les mains pleines de notes *Post-it*, les deux filles entrent dans le bureau du studio Franglais. Chloé allume son ordinateur pendant que Juliette s'assied et renverse l'enveloppe, faisant tomber une pluie multicolore de petits morceaux de papier sur le bureau.

– C'est dans quel fichier l'agenda des réunions éditoriales, demande Chloé qui cherche sur l'ordinateur tout en lisant les textos sur son mobile.

– Je l'ai rangé dans le fichier 'Programmes Possibles'. C'est le seul motif de réunion. Il faut se mettre d'accord là-dessus!

– Trouvé, dit Chloé. Tu sais, ajoute-t-elle, ce n'est pas une mauvaise idée de se concentrer sur la musique. Après tout, la radio c'est surtout ça, n'est ce pas? Et en plus, à White Tower il y a beaucoup de groupes de musiciens et des DJs. Tu connais un étudiant de White Tower qui s'appelle Freeman?

– Il faut un programme plus sérieux pour gagner le PIJE. Bien qu'on ait plus vraiment d'espoir après les exploits de Josh… Ecoute cette suggestion de White Tower…

– Just because you frogs have the money and the space for the Radio Franglais Studio, lit Juliette. You think you can cut our programmes whenever you want…

– En français, dit Chloé. Aujourd'hui c'est ma journée anglaise – 4 cours, y compris littérature. Shakespeare en ce moment. Alors pitié…

– Désolée, dit Juliette en souriant. L'anglais n'est pas le fort de Chloé. *Le cours sur Shakespeare doit être un vrai calvaire* – pauvre Chloé!*

– En gros, paraphrase Juliette, on nous accuse d'agir en 'impérialiste français' en coupant leur programme.

– Hmmm, on peut comprendre. Tu connais pas

Freeman? Dommage. Je l'ai rencontré l'autre jour quand je faisais le reportage sur les 'lunch boxes'. Tu te souviens…

– Les White Towers sont exactement comme Josh qui n'arrête pas de se plaindre. Tu ne l'as pas entendu quand les professeurs l'ont coincé devant les vestiaires !

Juliette se lève. Elle enlève son pull et le remet à l'envers. Elle soulève le col de sa chemise et ébouriffe ses cheveux bruns. Puis elle fait une grimace de colère.

– Oui, rigole Chloé. Josh avait bien cet air-là ! Un peu fou.

– But it's not fair Sir! se plaint Juliette en faisant semblant de parler au professeur avec la voix grave de Josh. Pas juste ! We had a deal! Juliette cut off the match just when White Tower scored the Golden Goal. She's the one to blame.

– Okay! Il y avait erreur sur la personne, dit Chloé.

– Comment aurait-il pu croire que j'ai aidé Charlotte à couper son programme ? Il m'a accusée sans même m'écouter. Moi je ne ferais jamais 'une erreur' pareille ! La voix de Juliette est assourdie par le pull qu'elle remet à l'endroit.

– Ce n'est pas gentil de sa part. Et ça fait mal quand on aime bien quelqu'un et puis…

– Moi? Aimer Josh? Tu me fais rire ! Je m'inquiète pour le PRIX PIJE, c'est tout. Juliette commence à feuilleter un dossier plein d'articles de journaux qu'elle a posé sur un bureau.

– Bon, d'accord. Mais Josh était furieux, Juliette. Et maintenant il a de vrais soucis. Il a eu un Dernier Avertissement et il est menacé d'un ASBO*. L'Anti-Social Behaviour Order c'est un truc légal !

– Le Dernier Avertissement, c'est plutôt indulgent après ce qu'il a fait. Mais, l'ASBO, tu as raison, c'est très sérieux. Josh pourrait se retrouver devant un juge. Mais il n'a qu'à faire attention à ce qu'il fait…

Chloé frappe dans ses mains.

– Ouaaiis, s'exclame-t-elle. Freeman m'envoie un texto! Génial! Il propose un programme autour d'une Battle of the Bands! Qu'est ce que c'est d'ailleurs une 'Battle of the Bands', demande Chloé en tapant furieusement sur le clavier du mobile.

– Laisse tomber. Il nous faut quelque chose de sérieux, comme la violence des jeunes, dit Juliette en prenant un article de journal du dossier. Tu vois, ici c'est un reportage sur les gangs…

– Ah voilà, il me l'explique, Chloé sourit, …c'est comme si nous étions sur la même longueur d'ondes, Freeman et moi, c'est un peu spooky*… Une Battle of the Bands, c'est un truc avec un tas de groupes qui jouent et le public vote pour le meilleur…

– Ca ne marchera pas…

– Mais peut-être un programme «Bataille entre groupes de musiciens» nous fera gagner le PIJE! Après tout la musique ça unit les gens. Et Radio Franglais a besoin de quelque chose qui nous…

– Radio Franglais a besoin de créer un programme qui montre que les jeunes peuvent travailler ensemble et prendre la responsabilité de leurs engagements au lieu de toujours rejeter la faute sur les autres comme Josh l'a fait.

Juliette déchire les suggestions des White Tower.

– Radio Franglais ne doit plus écouter les plaintes des gens comme Josh. Avant que tout le monde arrive pour la réunion, je sais où ranger ces 'suggestions', dit Juliette en transportant les papiers déchirés au-dessus de la corbeille posée contre la fenêtre. Elle les laisse tomber de ses mains un par un en lisant un mot et une phrase par-ci par-là.

– Unfair, lit Juliette d'une voix basse, en imitant encore

Josh. White Tower students are not second class citizens! Victims of a conspiracy! Ils ne sont rien que the whingeing of a cry-baby!

Juliette regarde les derniers morceaux de papiers tomber dans la corbeille. Elle lève la tête et aperçoit Josh qui la regarde de la porte.

Chapter 4

Are We Having Fun Yet?*

I'm not sure you all understand what it will take to win the prize, so sorry if I'm repeating myself but... says Juliette with exaggerated patience.

– Don't forget to speak really loudly for us stupid English, mutters Josh under his breath.

– We need a serious programme which shows us working together in the community. I think that the subject of *Teen on Teen Violence* could help us win the Prix PIJE, announces Juliette.

– SPIE Prize, says Josh.

– Right! Juliette glares at Josh. Let's argue about whether we should call it the PIJE or the SPIE. That will get us far!!

– Why argue about it? If you don't want to hear what we say, you can just cut us off like you did The English Hour programme!

– Oh! Poor Josh...

– Stop it Juliette! Stop it Josh! cries Chloe in vain.

Jessica, a White Tower student and friend of Chloe, claps her hands to get attention.

– Chloe is right, Jessica says. Arguing is not going to help.

She shrugs in defeat at Chloe and then pushes back her

long brown hair and covers her ears with her hands to block out the growing noise.

– Why don't you just admit it Juliette. Integration is fine as long as we 'integrate' and you… says Josh.

– C'est ridicule, says Charlotte. The answer is *Charlotte Reçoit*… évidemment!! Paul say it! Tell them!!!

– Charlotte. We are talking about teen violence as a subject for the programme. I'm not sure your interview with the school accountant will help…

– Josh is a victim of the 'horrible' French again. When will the injustice end? Juliette cries sarcastically.

– Talk about injustice. What a stupid idea to do a teen violence programme, says Josh.

– You liked the idea before your programme was cut off, taunts Juliette.

– It was my programme that was cut, objects Charlotte.

– Stay out of this! cry Juliette and Josh at the same time.

– Teen violence is a fact, Juliette waves a folder in front of Josh's nose.

– Teens are not violent! They are the victims of a system that makes them look like criminals for every little thing they do!

– Right! Like breaking and entering into a school.

– No! Like wearing a hoodie*. Don't you even know that teens are thrown out of stores just for wearing a sweatshirt with a hood?

Juliette riffles through her folder and pulls a newspaper clipping from it.

– Look at what's happening right here, she says pointing at a headline. *TEEN GANGS TERRORIZE THE KINGS MANOR SHOPPING CENTRE.* Don't you care? Or are they friends of yours?

– They would be better friends than you, says Josh. Besides, sensational headlines mean nothing. Everyone is trying to criminalize teens because we are easy to pick on. We have no power.

– It's so unfair, isn't it, mocks Juliette.

– I'll tell you what's unfair, adds Charlotte, It's unfair that my programme is not recognized for the huge success…

– Charlotte, don't you realize that Josh is going to save teens from the world's injustice? says Juliette.

– Well, it's better than doing a stupid programme that just falls into the trap set by the media and the system, says Josh.

– That's outrageous. I'm going to do real research! I'm going out to talk to teens themselves to report…

– Waste of time, says Josh. What teen would want to talk to someone like you?

– And you? We saw what kind of impression you make when you barged into the girls' changing room. Nice one, Josh…

– You don't have the guts to do a programme on *Teens Criminalized by the System*, taunts Josh. If you did, you would see that I am right.

– And you won't do a show that asks teens about how they are preyed on by other teens because you are too scared that I am right, Juliette shoots back.

– Stop! cries Chloe in vain.

The argument stops only when a loud drumming sound fills the room. Everyone turns to watch Freeman, whose long fingers hold the pencil and ruler like two drum sticks, beating out a fast and loud rhythm on the desk in front of him. His dreadlocks sway back and forth now covering his face and then revealing his big brown eyes.

Chloe points to the metal wastebasket beside the desk.

Smiling, Freeman nods at Chloe who scoops out the papers then tips the basket upside down, holding it out at desk height for him.

Freeman lightly taps the wastebasket and then brings his 'drum solo' to a crescendo with a loud 'cymbal' clash against it for a big 'finale'. Josh, Juliette, Chloe, Jessica, Paul and even Charlotte join in a round of applause. Freeman smiles then points to Chloe to take a bow as his assistant.

Juliette is amazed to see the down-to-earth Chloe smiling and blushing. *Whoa*, Juliette thinks, *Chloe is definitely going for a prize but not necessarily the PIJE!*

– That was great! says Juliette.

– Yeah, adds Josh. Very cool.

– Wouldn't it be great to do a music programme, says Jessica.

– That's what we have been trying to tell you all meeting,

enthuses Chloe. Freeman has a fantastic idea for a Battle of the Bands!

– We think it could bring the two schools together to share music and vote on the best performances, Freeman says, shyly ducking behind his dreadlocks.

– Let's have all the bands perform at White Tower, adds Chloe.

– In the stadium – Mr Hardcastle will let us, says Jessica. We can put the votes for each band up on the scoreboard.

– We could have different categories of music so that there will be more than one winner…

– And we could have cheerleaders between acts. We could make the costumes, Chloe, says Jessica.

– I already have some bands lined up, says Freeman. We could start to audition this afternoon.

– Let's webcast it and have a phone-in vote, adds Chloe.

– I will interview the band managers for *Charlotte Reçoit*. I think that is what would be of most interest. Don't you agree Paul? Charlotte nudges Paul with her elbow.

– Definitely, says Paul rolling his eyes.

– Great! Yeah, says Josh.

– Super! Fantastic, says Juliette.

– But… but… say Josh and Juliette at the same time.

– We have to think of the Prize, says Juliette, refusing to look at Chloe.

– Yeah, says Josh reluctantly.

In the awkward silence that follows, Josh and Juliette avoid looking at one another.

– Later Chloe, says Freeman dropping his drumstick pencil and ruler into the bin with a clang, and leaves.

Everyone else is left staring at each other.

– Moi – je pense… dit Charlotte.

Paul tries to drag her out of the room but she won't go. Josh following Jessica out the door of the studio hears Chloe say to Juliette:

– Well, I guess that leaves us with *Teen Violence*. What fun!

Chapitre 5

La Dame Proteste Trop

Chloé tapote sur le clavier de l'ordinateur.

– Qu'est ce que Josh m'énerve avec ses airs de victime! exclame Juliette. Chloé, demande Juliette, tu m'écoutes?

– Ouiiaaiis, marmonne Chloé en prenant son mobile en main. Chouette, ajoute-t-elle, Freeman propose un rendez-vous à White Tower! Il réunit des groupes qui veulent participer à la Bataille. Il n'abandonne pas l'idée d'un programme. Il est timide mais il s'accroche.

– Super! s'exclame Charlotte. Paul, va chercher mon magnéto*. Fais bien attention que les piles soient chargées! J'ai failli perdre un entretien avec la secrétaire de M. Hardcastle l'autre jour!

– J'ai des devoirs a faire…

– Vas-y Paul, Charlotte dit en poussant son petit frère dans le dos. Se tournant vers Chloé, elle ajoute, je te retrouve à White Tower. Ca va me donner énormément de 'street cred'.

Juliette et Chloé sourient a la pensée que Charlotte puisse être considérée 'dans le coup'.

– Allons-y ! dit Chloé à Juliette.

– Chloé, je te parlais de Josh. Tu ne crois pas…?

Fermant son ordinateur et prenant son imperméable

'trench' qui fait très 'années soixante' sur la petite Chloé, elle regarde son amie dans les yeux.

– Juliette, interrompt Charlotte, tu parles toujours de Josh…

– C'est parce que son attitude nuit* à nos chances de gagner le Prix, proteste Juliette. D'ailleurs toi, tu parles toujours de Freeman.

– Exact! Je le trouve sympa. C'est normal, Chloé met la main sur l'épaule de Juliette. Viens, on va s'amuser à White Tower!

– Je ne suis pas normale? Parce que je m'intéresse plus à gagner le Prix qu'à un garçon qui n'arrive pas à assumer la responsabilité de ses propres actions?

– Tu t'intéresses au Prix ou à embêter Josh?

– Au Prix bien sûr! Ca peut changer la vie de pas mal de gens! Des gens comme Josh d'ailleurs, qui n'ont pas…

– Les mêmes avantages que nous, dit Chloé en terminant la phrase de Juliette. C'est noble!

– Chloé, tu es mon amie! Tu prends le parti de Josh? Ce n'est pas juste! crie Juliette.

– Pas juste! Tu t'entends, demande Chloé. C'est toi la victime maintenant?

– Pas du tout! s'exclame Juliette. Je veux faire un programme qui nous permettra de gagner le Prix. Devenir Jeunes EuroAmbassdeurs peut ouvrir des portes…

– J'étudie Shakespeare en ce moment, dit Chloé en ouvrant la porte du bureau. Il n'est pas bête du tout. Je le cite, 'Il me semble que la dame proteste trop.'

– Je ne proteste pas trop! Vraiment! Je veux juste gagner le Prix pour aider tout le monde. Je t'assure! dit-elle à haute voix à la porte qui se ferme.

Juliette brandit les articles des journaux racontant l'un

après l'autre comment les jeunes sont souvent la proie d'autres jeunes.

– Et je vais le prouver!

*****

En attendant le bus pour Kings Manor Shopping Centre, Juliette s'émerveille des Anglais qui font la queue, comme d'habitude, sans manifester aucune impatience.

Quelle différence entre la discipline des Anglais qui montent dans le bus sans se bousculer et les cas de 'hooliganisme' relatés dans les articles du journal. Juliette sort son Oystercard et valide son trajet. Rapidement, elle escalade les marches pour gagner l'étage du double decker avant que le bus ne démarre. Ça fait presque huit ans que Juliette vit à Londres mais elle ne se lasse pas de voyager au niveau des branches des arbres comme si la ville était une jungle tropicale.

Juliette sort papier et stylo de son sac. Tout à coup le bus s'arrête. Juliette se trouve projetée en avant. Elle s'accroche à la barre du siège. Son stylo tombe et Juliette se baisse pour le ramasser.

Juliette, la tête sous le siège, ne voit pas Josh passer dans le couloir du bus et s'asseoir tout à l'arrière. Quand elle lève la tête, Josh se trouve caché derrière un grand hoodie qu'il sort de son sac. Juliette ouvre son dossier 'Jeune Violence' et écrit:

QUESTIONNAIRE; PROGRAMME RADIO
FRANGLAIS

Violence: Jeunes Victimes ou Victimes des Jeunes?

Question 1: Etes-vous fortement d'accord ou très fortement d'accord avec la phrase: Les jeunes sont souvent les victimes d'autres jeunes...

Juliette relit la question. *C'est excellent*, pense-t-elle.

Question 2: Etes-vous fortement d'accord ou très fortement d'accord avec la phrase suivante: Les jeunes qui ne cessent jamais de dire que tout est tellement injuste (everything IS SO UNFAIR) rejettent la responsabilité de leurs propres actions sur les autres.

Pendant que Juliette réfléchit a la Question 3, le bus arrive à Kings Manor et Juliette se joint à la queue pour en descendre.

Encore une queue devant la grande porte-tambour du Kings Manor Shopping Centre qui tourne lentement pour laisser entrer la foule. Juliette, perdue dans ses réflexions sur son questionnaire, appuie sur la porte sans s'en rendre compte. Le mécanisme de sécurité se met en action et la porte s'arrête brusquement. Josh, qui se trouve dans la queue derrière Juliette, est en train d'enfiler son hoodie. Il ne voit pas la porte s'arrêter.

– OUCCHHH!!!, crie-t-il en se tapant le nez contre la porte en verre.

Mais Juliette ne l'entend pas. Elle est trop occupée a

regarder un groupe de filles qui sort d'une pharmacie a l'intérieur du Centre Commercial. Elle voit clairement que la fille au milieu du groupe est en train de pleurer! *L'interviewée parfaite!* jubile* Juliette. *Josh, tu verras que j'ai raison au sujet de la violence, jeunes contre jeunes.*

Les filles se perdent dans la foule. Courant pour les rattraper, Juliette passe devant la pharmacie, évitant un panneau publicitaire annonçant une promotion pour le perçage d'oreilles.

Josh n'a pas autant de chance. Presque aveugle sous son grand hoodie, il fonce en plein dans le panneau qui tombe avec fracas.

– OUCCHHHH!!!!, crie Josh

Tandis que Josh saute de douleur sur un pied, Juliette a déjà tourné le coin entre le magasin de téléphones mobiles, Ur Phone* et les escaliers roulants. *Là devant*, pense t-elle en épiant la fille en larmes, assise, entourée de ses amies sur un des bancs placés ici et là dans le grand hall du Centre.

– Ohhhh, it hurts, gémit la fille.

Ah-ha! se dit Juliette. *Elle a mal!*

– And it's all your fault, la fille reproche à ses amies.

Elle a mal ET c'est la faute de ses amies, pense Juliette. *Jeune Fille Victime de la Violence des Jeunes! La preuve!!*

Juliette cherche dans son sac et en sort une grande boite de mouchoirs en papier. Elle prend son questionnaire et son stylo dans l'autre main et s'approche de la fille en larmes.

Chapter 6

Feeling Your Pain

Outside the Kings Manor Pharmacy Josh holds his aching right ankle and hops on his left foot.

– OUUUCCCHHHH!!!!! he groans.

– Hey! shouts a pharmacy security guard.

– Sorry! I didn't mean to knock the board over, Josh defends himself.

– No worries, mate, the guard reassures Josh while righting* the advertising board.

– Okay, says Josh pushing back the hood from his face.

– Whoa, you look rough. What happened to your nose?

The guard leads Josh to a mirror under a sign that reads: *Today Only! Ears Pierced – £10.*

Josh peers past the display of earrings, disinfectant and, stacks of cotton wool, at his face in the mirror. His squashed nose looks like it might start bleeding at any moment.

– Take some cotton wool, the guard says. And be careful mate.

It's all Juliette's fault, winces Josh, pressing the cotton pads against his aching nose. *But it will be worth it when she hears my prize-winning programme about teens thrown out of stores just for wearing a hoodie!* Staring at his reflection in the shop windows Josh limps right past Juliette who is talking to the 'crying girl'.

– I feel your pain, Juliette sympathises.

– It wasn't that bad, really… the girl sniffles.

Juliette holds out the box of tissues. The girl looks alarmed.

– It's all right, Juliette smiles shaking the box at the girl. Take one!

The girl pulls out a tissue and gingerly* wipes her eyes.

– Okay, begins Juliette. Do you agree 'strongly' or 'very strongly' with the following statement: Teens are often the victims of other teens.

The girl blows her nose.

– That sounds like 'very strongly' to me, notes Juliette.

– Well, I was just blowing…

– Question 2: Why do you think your girlfriends wanted to hurt you? Jealousy, maybe?

– Huh? shrugs the girl looking ever more confused.

– Those are your words. I quote: 'Ohhhh, it hurts. And it's all your fault' – end quote. Correct?

– You don't understand…

– Hmmm? Let's just move on, okay? Next question: How much do you agree that teens who are always saying that everything IS SO UNFAIR are actually blaming others for their own actions? Do you agree 'strongly' or 'very strongly'?

– Sorry! The girl gets up from the bench.

– It's hard to face. But friends who hurt friends are not really friends at all. So, it's best…

– Listen, says the girl backing away. My friends gave me £10 for my birthday to get my ears pierced. It hurt. I cried. Now, please leave me alone. Okay? You're scaring me!

She's in denial! thinks Juliette, crossing out the girl's

answers from the questionnaire. She thinks, *this might be harder than I thought*, as she scans the crowd for another interviewee. She doesn't see Josh pulling his hoodie close over his face as he enters the Kings Manor Newsagent.

Josh can almost feel the security cameras swivelling to focus on his back as he lets his fingers linger over the plastic cases of CDs. *Any moment now*, he thinks, *I'll get that tap on the shoulder. Better check my phone to make sure that I record every word*.

Pulling his phone from his pocket he locks it on and puts the volume up as high as possible. *It's soooo old, I hope it doesn't fail me now!* Tucking it back into his pocket he positions it so that the microphone/recorder is sticking out. Then he feels the tap on his shoulder that he has been waiting for.

Josh turns round to face the guard expecting the words, *Okay hoodie – out you go!* and thinking, *I will catch it all on my mobile phone. What a great programme it will make! Juliette will be forced to admit that she is wrong with her ridiculous teen on teen violence*. A big smile comes over Josh's face at the thought of how silly Juliette will look when Josh wins the SPIE Prize with his amazing programme about teens victimized by the system.

– Nice to see a smiling face, says the guard. So many young people seem so…

– So much like hooligans, says Josh

– No, answers the guard, so unhappy. It's so sad when you think they've got their whole lives ahead of them…

– Excuse me, says Josh, but…

– Look, the guard holds up Josh's Oystercard. Someone could just pick this up and walk away with it. Good job I saw you drop it when you pulled out your phone!

– But, stammers Josh, Don't you want to throw me out?

– You're not hurting anyone but yourself by walking around in a daydream. I have a nephew just like you – he'd lose his head if it weren't attached!

*****

Josh slumps against the side of the escalator as he rides it down surrounded by shoppers. *Why can't I get thrown out of stores?* he asks himself. *Three attempts and three failures. What's wrong with me?* he wonders.

He watches a group of teens hanging out below. *They could get themselves thrown out*, he thinks, noting the pretty blonde girl with the hard-set face and the even tougher looking boy she is talking to.

The blonde girl pulls the boy over to the Ur Phone window. The girl points at a cutting-edge phone in the window display. Josh can't hear what they are saying but he can tell the boy is not happy.

– That one there, Chop. That's it! PLEEAASSEE, the blonde girl whinges. The boy scowls and turns his back on her.

– I need it, the blonde girl grabs his arm and holds out a teen magazine to him. Here, look at my magazine…

– Yeah, right Tara, says Chop. I'm going to read a stupid magazine like that! Chop and his mates laugh when he grabs it out of her hands.

– Teen star Jasmine, he reads the magazine cover in a falsetto voice, reveals all in a candid interview about love and pain.

The red-haired girl next to Tara giggles uncontrollably.

– Shut it Kelly, barks Tara at the girl.

– I always laugh when I'm nervous Tara, Kelly giggles.

Tara takes the magazine from Chop and opens it to an advertisement in a centre spread.

– Look at this radio competition. You know I've always wanted to be a pop star. Wouldn't you like to see me on the radio!

– You can't SEE people on the radio Tara, Chop and his

mates laugh.

Tara turns to the window of Ur Phone. She gazes longingly at the display of the latest phone. It's a tiny phone but with a BIG price tag! The sign says that it can flawlessly record and send any music or speech file.

– I could make a recording and become a pop star! And look! It's got the cutest set of phone covers. I love the leopard skin one…

Josh is now close to the group. He hears Chop interrupt Tara.

– I don't want to hear no more Tara!

While Tara pouts, Josh finds the courage to say to Chop, I'm doing research about teens and how they are victimized by the system…

– Too right, agrees Chop. The system man…

– Come and look at it again, Chop, pleads Tara.

– Can't you see I'm discussing politics with my man here, says Chop putting his arm around Josh's shoulders. Buzz off, Tara!

Tara snaps her fingers at Kelly and the pair stalk off up the escalator and to the ladies' restrooms where Tara bangs open the door. Inside, Juliette is washing her hands at a double row of washbasins separated by high double-sided mirrors.

Her questionnaire is in the bin under the sink. *A waste of time – couldn't get one good interviewee.* Juliette looks at the huge box of tissues that she bought to 'comfort' the many 'victims' she was expecting to interview. *What's wrong with me? Why do I have to fight with Josh? Could Chloe be right?* Juliette stares into the mirror… *Maybe I'm not normal?* On the opposite side of the mirror Tara and Kelly are arranging make-up on the sink ledge.

– He's so mean! I don't know why I love him, moans Tara,

applying mascara.

– Someone should write a story about you, says Kelly pointing to the magazine cover with the photo of the pop star.

– I am a victim of love, reads Tara from the headlines. If only I had the courage to walk away...

– OH! Jasmine, exclaims Kelly, reading the name of the pop star from the headline. It's so sad! What are you going to do?

Before the girls can break out into giggles, Juliette is leaning across the counter separating the two rows of sinks, tissue box in hand.

– I feel your pain, Jasmine, she says. I'd like to help...

Chapitre 7

Les Sons et Le Silence

Du haut des gradins, le stade de White Tower n'a plus aucune ressemblance avec un stade de foot. *C'est plutôt comme un grand concert de rock*, se dit Chloé étonnée par le nombre de groupes s'entraînant pour le premier tour des auditions. *Les groupes de White Tower, d'accord*, pense Chloé, *mais comment Freeman a t-il pu réunir de son côté autant de groupes français!*

Bien qu'en bas, sur le terrain, cela semble être plutôt chaotique, du haut des gradins, Chloé voit bien que Freeman a beaucoup d'expérience dans l'organisation des fêtes musicales. En plus il a fait pas mal de travail de préparation. M. Hardcastle, WhiteTower Headmaster, a donné son accord pour que les groupes branchent leur sono et la cacophonie* ambiante en témoigne.

Mr. Hardcastle est plutôt cool, pense Chloé. C'est lui qui a été d'accord pour que Juliette organise les ateliers d'escrime à White Tower l'année dernière. C'est Juliette et Josh qui ont arrêté les bagarres entre White Tower et le Lycée avec le Tournoi Amical de l'Escrime. Et c'est lors du Tournoi Amical d'Escrime entre White Tower et le Lycée que le Prix PIJE a été lancé.

En fait, ce sont Juliette et Josh qui ont ouvert la porte à la coopération entre White Tower et le Lycée. Mais ils ne sont ni l'un ni l'autre ici. Chaque fois qu'ils travaillent là-dessus, ils tombent dans le piège des malentendus et de la méfiance. Et pourtant il semble évident qu'ils sont fous l'un de l'autre. Bien sûr, ils ne le voient pas comme ça. Ils sont si têtus tous les deux! Cela ne vaut pas la peine d'essayer de les raisonner.

Du haut de la petite scène que Freeman a réussi a monter au milieu du terrain, Jessica fait signe a Chloé de descendre la rejoindre. Chloé a du mal à voir mais il semble que Jessica soit en train de peindre sur un grand panneau installé sur la scène.

Chouette, pense Chloé. *Si c'est un projet de Jessica, cela a sûrement quelque chose à voir avec les fringues*. Elle a parlé de faire des ensembles pour les 'cheerleaders' qui pourraient animer la 'bataille' pendant les votes. C'est beaucoup plus amusant que d'essayer de comprendre Juliette et Josh.*

Chloé descend des marches en sautant. Elle a hâte de rejoindre Jessica et les autres. Mais elle ralentit en voyant Charlotte monter. Pauvre Paul la suit tiré par les fils de son magnétophone.

– Chloé. Dis-moi quel groupe va gagner la 'bataille', demande Charlotte.

– Je ne sais pas! Ce sera aux auditeurs de voter pour les gagnants. D'ailleurs, aujourd'hui on s'organise. On va voir qui joue quel genre de musique pour les classer par catégorie et en plus…

– Vous ne pouvez pas attendre de moi que j'interviewe un tas de 'perdants' pour Charlotte Reçoit! Ce n'est pas le genre de mon émission. Freeman a du déjà choisir les gagnants! Ses compétitions sont toujours décidées d'avance. Mon père qui est dans la publicité m'a dit que… Ah! Voila M. Hardcastle, dit Charlotte. Enfin un V.I.P. Charlotte descend les marches si brusquement que Paul perd pied et doit courir pour la rattraper.

Chloé se fraie un chemin parmi les groupes. Tout à coup des applaudissements se font entendre et elle reconnaît la voix de Freeman.

– Welcome to the Battle of the Bands! Bienvenue à la Bataille des Groupes!

Tous les groupes se mettent à jouer et Chloé est complètement abasourdie quand un amplificateur se met à hurler à côté d'elle.

– Où est Chloé! dit Freeman. We want Chloé!

Chloé met sa main sur la scène.

– Je suis ici, dit-elle. I'm here!

Freeman attrape Chloé par les bras pour la faire monter sur la scène.

– Chloé will translate into French for me today. It's a good thing she's here, laughs Freeman.

– Oui, je vais traduire aujourd'hui, Chloé dit au micro. Alors commençons! dit Chloé.

Tandis que le premier groupe joue les premières mesures, Chloé voit Josh qui arrive.

Elle lui fait signe de la main et il court vers la scène. Il a l'air si content! *Peut-être les choses se sont-elles arrangées avec Juliette*, pense Chloé en croisant les doigts. Josh saute sur la scène.

– Just in time mate, says Freeman to Josh. We have some great stuff to listen to.

– Tu arrives juste à l'heure, traduit Chloé automatiquement. Nous avons beaucoup de choses a écouter.

– I speak English, Chloe and even a little French, rigole Josh. And I have some great stuff for you to listen to! And you won't have to translate it. Chloé, Freeman et Jessica entourent Josh tandis qu'il sort son mobile et le met en mode lecteur... Mais à part un peu de bruit on n'entend rien.

– OH NO! s'exclame Josh. Stupid phone! It's so unfair!

Effectivement. Pas besoin de traduire le silence, pense Chloé, tandis que Josh quitte le stade en courant.

Chapter 8

A Case of Mistaken Identity

Juliette leans confidingly towards Tara.

– So you see Jasmine, I think that together we could make a radio programme that could help a lot of teens.

– But you're not really Jas…! Kelly does not have time to

finish her sentence before Tara elbows her discreetly in the ribs. Kelly breaks into a fit of giggles.

– Is there a problem? asks Juliette looking from one girl to the other.

– Maybe we should talk about me starring in your radio programme somewhere else, says Tara glaring at Kelly.

– Of course, says Juliette. How about a coffee, Jasmine? My name is Juliette. What a coincidence that both our names start with a J! It's like fate.

Kelly rolls her eyes and giggles. As the restroom door closes on the two girls leaving, Tara crosses her fingers behind her back for Kelly to see.

The small table in the Kings Manor café is covered in empty coffee cups. Juliette has taken down every word of Jasmine's story. It's tragic! She is certain the programme she makes about it will win the prize.

– Your boyfriend has taken so much from you, says Juliette leaning her head on her hand.

– That's right, sniffs Tara.

– Your love and your self-esteem, stolen by someone you trust. I KNOW what that means. I wish there was something I could do, Jasmine. Something I could give you for your honesty…

– A chance to sing on the radio? asks Tara.

– Jasmine, this radio programme is not really about singing…

Tara shifts in her seat.

– But, adds Juliette, maybe we could see about that later…

– I have to sing. If only to prove to my boyfriend that I'm somebody!

– True self worth comes from within. It comes from being who you really are, Jasmine.

– Could be a bit difficult… I think I'd rather sing…

– Come on! Juliette says suddenly, gathering her notes together. I know just what you need!

*****

In the crowded bookstore Juliette and Tara find the self-help* section. There Juliette chooses books from the shelves and loads Tara's arms with them. Tara struggles to follow Juliette making her way through the crowds to the tills.

– Okay, let's check all the titles, says Juliette.

Outside the large windows of the bookstore, Josh races down the hallway as though his trainers are on fire. But Juliette doesn't see him. She is busy taking the books from Tara's arms and putting them down one after the other at the till.

– *How to Find the Real You, How to Be Wonderful Just by Being Yourself, Finding the Woman Within, Girls Need Boys Like Fish Need Bicycles…*

– I'll never be able to read these, moans Tara. What I really want is a new mobile…

– We'll read them together, Jasmine, says Juliette. That's what friends are for. And we'll be able to talk about them on the radio programme. It will be great! Trust me!

Juliette and Tara are riding the central escalator of the shopping centre down to the exit. To her horror Tara sees that Chop and the gang are still hanging out in front of Ur Phone. *Someone is bound to shout out Tara,* she worries.

– I left my scarf in the bookstore! Tara pulls Juliette around and drags her back up the escalator.

– Excuse me! Excuse me! says Juliette to shoppers as Tara pushes them out of the way. Jasmine! You're not meant to go up the down escalator!

– I have to get my scarf. It means a lot to me, says Tara turning to look down at Ur Phone.

Over her shoulder she sees Josh talking to Chop. Then to her delight Chop and the gang turn, put up their hoods and approach the entrance to the store.

Could it be? Tara asks herself. *Could Chop be getting her phone for her after all? What an angel he is!!! Now if I could just get rid of this girl then I could dump these books and meet the gang at our place in the parking garage.*

Chapitre 9

Can We Parle Franglais?

Juliette est un peu surprise de se retrouver seule, sans Jasmine, à l'arrêt de bus. On aurait presque pu penser que Jasmine voulait se débarrasser de Juliette le plus rapidement possible.

Peut-être a-t-elle besoin d'être seule, pense Juliette. *Sa vie a changé aujourd'hui! Elle a l'opportunité de ne plus être 'victime' mais d'être responsable de ses actions. Elle pourrait même aider d'autres jeunes dans sa situation. C'est bouleversant!*

Le bus n'arrivera donc jamais! Juliette a hâte de retrouver le studio pour taper ses notes et structurer le programme radio pour le PIJE. C'est sûr que le programme avec Jasmine va gagner! Juliette ne peut plus attendre. Elle sort son mobile pour appeler Chloé.

– Je sors du Kings Manor… Quoi? Juliette appuie le mobile contre son oreille. Je t'entends mal.

– Qu'est-ce que c'est que ce bruit, demande Juliette. Ah ce sont les groupes! Tu es toujours à White Tower?

– Je rentre au studio… rendez-vous à White Tower? Oui, mais j'ai du travail… c'est amusant?… bon… d'accord, j'arrive. Moi aussi, j'ai passé un après-midi formidable!… Quoi? Qu'est ce que tu dis?

– Une « cheerleader »? Moi? Qu'est-ce que tu racontes, demande Juliette.

– Ah, c'est une idée de Jessica? Pour danser entre les groupes… hmmm… je ne sais pas…

– Ecoute, Chloé. Le bus arrive. On en parlera quand je serai arrivée, d'accord?

– Les ensembles sont superbes? Ah! Je vois, pour les « cheerleaders »… très rétro. Chouette! Peut-être… mais tu sais, je crois que je serai pas mal occupée avec le programme Violence des Jeunes… OUI! C'est extra*! J'ai trouvé une fille qui est une victime parfaite… NON! Evidemment je ne suis pas *contente* qu'elle … écoute, je monte dans le bus… je t'expliquerai plus tard… ciao…

*****

Juliette se fraie un chemin parmi les groupes et les spectateurs qui remplissent le stade White Tower. Elle voit Monsieur Hardcastle qui monte sur la scène à côté de Freeman. Il prend le micro.

– It's late and time to go home, dit M. Hardcastle. Il est tard. Il faut rentrer.

Freeman and Chloe lui prennent le microphone.

– Mr. Hardcastle, thanks for helping us today!

– M. Hardcastle, merci pour votre aide aujourd'hui! traduit Chloé.

– We have only one more band to audition. They are a special band singing a special song, dit Freeman.

– Il ne nous reste plus qu'un groupe à écouter. C'est un groupe pas comme les autres avec une chanson pas comme les autres, traduit Chloé.

Le groupe saute sur la scène. Les chanteurs, un garçon

mince aux cheveux de jais et une grande fille aux cheveux courts, d'un blond presque blanc, rejoignent Freeman et Chloé autour du micro. Derrière eux un garçon branche sa guitare tandis qu'une fille s'installe aux tambours. Une voix basse et 'sexy' remplit le stade.

– Nous allons chanter une chanson écrite par Freeman.

La foule applaudit.

– Nous espérons que ça vous plaira, dit le chanteur.

– We hope you like it, chuchote presque la chanteuse.

Le guitariste et les tambours commencent puis le garçon se penche vers le micro pour chanter…

Can we parle Franglais?

La fille prend le relais…

Devons nous speak Franglish?

Et puis…

I want you either way…

Que tu m'aimes est mon wish…

Juliette regarde autour d'elle et constate que Chloé a raison: la musique unit les gens. Les étudiants du White Tower et du Lycée sont peut-être là pour soutenir leurs groupes, mais ils prennent plaisir à écouter cette chanson kitsch.

Pourquoi faire un programme sur la violence, pense Juliette. *Ca serait beaucoup plus amusant d'écouter de la musique, chanter et danser avec des amis.* Juliette regarde la scène. Les chanteurs demandent aux étudiants de se joindre à la chanson.

Can we parle…

Et puis les étudiants chantent…

FRANGLAIS…

Devons nous speak…

FRANGLISH.

Tout d'un coup le chanteur met le micro devant Freeman qui chante en regardant Chloé.

I want you either way…

Puis c'est le tour de Chloé!

Que tu m'aimes est mon wish.

Juliette applaudit avec les autres. Chloé n'est pas gênée. Au contraire elle a l'air si contente. *Pour Chloé les choses semblent si simples. Elle n'est peut-être pas la plus forte en Anglais ou en Mathématiques mais Juliette sait qu'elle a presque toujours raison quand il s'agit des amis, des familles et même des profs.*

Juliette sourit en regardant Chloé et Freeman sur la scène. Leurs deux têtes se rapprochent pour écouter un appel sur un mobile. Chloé semble avoir raison au sujet de Freeman. Il a l'air sympa et gentil. *Chloé, a-t-elle raison au sujet de Josh et moi.*

Tout d'un coup, Chloé commence à scruter* la foule. Apercevant Juliette, Chloé lui fait signe de la main et saute de la scène pour courir vers elle.

– Les groupes sont supers… dit Juliette.

– Juliette, tu viens de Kings Manor?

– Oui…

– As-tu vu Josh là bas?

– Josh?

– Freeman a parlé à un ami qui travaille à la sécurité là-bas. Il dit qu'un étudiant de White Tower a été pris en train de voler un mobile…

– Josh?

– C'est ce qu'il dit. Mais ce n'est pas possible, dit Chloé.

Juliette sent un vent glacé souffler dans son dos. Elle lève les yeux au ciel mais il reste sereinement bleu bien que le soleil se couche.

– Bon, il était fâché parce qu'il avait perdu l'enregistrement de son entretien avec le gang… ajoute Chloé.

Juliette regarde les étudiants souriants autour d'elle. Elle pense, *c'est facile de chanter, danser et se dire que puisque nous écoutons la même musique ou faisons la fête de la même manière, on est 'ensemble'. Mais ce n'est que la 'surface' des choses, les apparences… Et les apparences peuvent être trompeuses…*

– Non! continue Chloé. Je n'arrive pas à croire que Josh ait fait une chose pareille. Il doit y avoir une erreur…

Il faut voir les choses comme elles sont, réfléchit calmement Juliette. *La violence et la criminalité sont un fait. Je fais bien d'essayer d'y faire face dans mon programme pour le PIJE.*

Chapter 10

With Friends Like These...

Josh can barely breathe as he skids to a stop in front of Chop and the gang.

– Chop, he gasps breathlessly. Technical difficulties… ran all the way… ask you some more questions?

– Listen Radio Boy, says Chop. Buzz off*! No more questions.

– Okay! Okay! agrees Josh catching his breath. I'll follow you around quietly. I won't get in your way.

– It's a free country, growls Chop. But, if you know what's good for you, you'll stay away from us.

Chop turns and pulls his hood over his head. One by one the rest of the gang does the same as they make their way to the store entrance. Josh stops before entering the Ur Phone store. He checks the charge level in his phone. It is higher than he has seen it in a long time. *Duh*! Josh berates himself, *why didn't I think of getting a new charger before?* He hurries after Chop and the gang who are already in the store.

Josh pulls his hood up, and switches the phone to record, putting it close to his lips.

– Testing… 1… 2… 3, whispers Josh into his phone. Testing… Please work! If I ever get the chance I'll get a new phone and throw this thing in the trash… Testing 1… 2… 3.

Putting the phone to his ear he presses the playback button. *Testing… 1… 2… 3. Please work! If I ever get the chance, I will get a new phone and throw this thing in the trash!*

A miracle! Just like racing back from the Battle of the Bands at White Tower to find Chop and the gang was a miraculous piece of good luck! They were absolutely sure to get thrown out of the store!

Chop knows this, of course. Why else would he have warned Josh to stay away from them? Josh checks his phone again. Everything is in order. He is determined to record the exact moment the gang are thrown out of the store.

– And it's going to happen very soon, whispers Josh into his phone, seeing the security guard, a middle-aged woman with glasses and grey hair curling out from under her cap, watching as Chop and the others cluster around a display near the door.

The woman points out the gang to a young security guard on the opposite side of the store. Josh has the funny feeling that he has seen the young guard before but he has no time to wonder where that might have been. He needs to follow the gang closely to get good a good recording.

– And here I go…

Josh holds out his phone to catch the whole exchange between the security guard and the gang. But as the guards approach, Chop and the gang push past Josh and rocket through the door. Josh follows as fast as he can.

– Stop that hoodie! cries the middle-aged woman.

Great background sound, thinks Josh as he races around the corner. Now Josh is recording the sounds of shoppers who are being pushed out of the way by Chop and his friends. He follows the gang through a door to the parking garage.

At the bottom of the stairs, Chop and the gang are busy tearing open the phone box. The phone covers scatter on the floor. Chop picks up the leopard skin one and leaves the rest.

– Wow! That was exciting, says Josh. What's all this?

Tara emerges from the parking garage and joins the gang.

– Chop, you angel, Tara says plucking the leopard skin cover from his hands and kissing him.

– That's the way to say thank you, Tara baby, says Chop.

Feet start pounding down the stairs.

– I told you not to follow us, says Chop to Josh.

He spins Josh around and takes his wallet from his back pocket then yanks the phone from Josh's hand and pushes him to the ground.

– Hey! yells Josh, scrambling to his feet and running after the gang.

– That's far enough son, says the woman security guard from Ur Phone.

–But they stole my wallet, Josh cries, turning to face the guard.

– With friends like that son, what do you expect?

– They're not my friends, says Josh.

– Now you're learning, says the woman guard. Tell us who they are and where they live. Help us get the stolen phone back and life will be a lot easier for you.

– I want to get that phone back too!

– So you admit that you had the phone?

– Of course! It's mine, declares Josh.

– Funny I didn't see you buy it, says the woman guard holding up the torn box from Ur Phone.

– Not that phone! They stole my phone. I don't even know them. I'm an investigative reporter...

– You stole a phone with a bunch of kids you don't know.

That's not much of a story, young man, says the guard.

– I didn't steal the phone!

– You're going to have to try harder. You're in a lot of trouble. And your hoodie tells me this isn't the first time. Let's call your parents. If you know who *they* are…

Chapitre 11

J'accuse*!

Le téléphone sonne au Studio. Juliette décroche.

– Radio Franglais, dit-elle. *Non…* Je n'ai pas de nouvelles de l'ASBO hearing de Josh. Je vous passe Chloé. Elle s'occupe du SAVE JOSH CONCERT.

Chloé pose son portable et prend le téléphone, sans même regarder Juliette.

Feuilletant son dossier Violence: *Jeunes Victimes ou Victimes des Jeunes*, Juliette essaie de se concentrer sur l'article qu'elle a écrit pour accompagner l'enregistrement du programme que l'équipe Radio Franglais présentera dans 6 heures au Parlement Européen pour le PIJE.

Equipe Radio Franglais, c'est un bien grand mot, pense Juliette. *Il n'y a plus d'Equipe. Chloé est tellement fâchée contre moi qu'elle ne me regarde même plus! Quand je serai dans l'Eurostar sur le chemin de Bruxelles, Josh sera à son ASBO hearing.*

Juliette essaie, encore une fois, de lire son article qui raconte la vie de Jasmine et décrit l'attitude des jeunes défavorisés dans les quartiers pauvres autour du Lycée. Elle regarde les photos de Jasmine et de Kings Manor. Mais elle ne peut pas s'empêcher d'écouter Chloé qui continue de parler au téléphone.

– Tout ce qu'on sait, c'est que Josh doit être au hearing à midi… Non! Nous n'avons pas le droit de protester devant le bureau d'audition. Son caseworker nous dit que ça risque même de nuire à sa cause!

Freeman montre à Chloé une affiche qui tombe de l'imprimante:

Battle of the Bands – Bataille des Groupes
SAVE JOSH – CONCERT – SOLIDARITE AVEC JOSH
STADE – WHITE TOWER – STADIUM
AUJOURD'HUI – TODAY

Chloé sourit à Freeman et lui fait un signe d'approbation tout en parlant.

–…bien sûr qu'il est innocent, dit Chloé en jetant un coup d'œil à Juliette avant de raccrocher.

– Je sais que tu es fâchée contre moi, dit Juliette. Mais nous ne savons pas si Josh est innocent, dit Juliette.

– Moi je le sais. C'est impossible qu'il ait fait une chose pareille!

– Mais comment expliquer l'enregistrement qu'ils ont trouvé sur le portable de Josh? *If I ever get the chance, I will get a new phone and throw this thing in the trash!* Ce sont les mots exacts!

– Tu l'as appris par cœur, je vois, dit Chloé.

– Chloé, je ne veux pas que Josh soit coupable. Mais on ne peut pas nier* l'évidence!

Chloé continue de travailler.

– On sait de la bouche de Josh lui-même qu'il voulait un nouveau portable et qu'il avait envie de jeter le sien à la poubelle. Où, d'ailleurs, il a été trouvé!

– Bon! Et son portefeuille! Où est-il? Je suppose que Josh se l'est volé lui-même!

– Je ne sais pas, dit Juliette. C'est peut-être ses amis qui se sont retournés contre lui.

Juliette arrête de parler. Josh vient d'ouvrir la porte du studio. Chloé et Freeman se pressent de le faire entrer. Josh avance tout droit vers Juliette qui se prépare mentalement à entendre les mots durs que Josh va sans doute lui dire. Josh lui tend la main. Surprise, Juliette la prend.

– Bonne chance pour le PIJE, dit Josh.

– Thanks, dit Juliette, n'enregistrant même pas le fait que Josh a parlé en français. De tous les étudiants de White Tower, Josh a toujours été parmi les plus forts en français.

Josh prend le dossier *Violence* dans ses mains.

– Violence: Teen Victims or Victims of Teens, lit Josh. You were right and I was wrong.

– Tu n'as rien fait de mal, crie Chloé.

– But I'm a victim of teen violence…

– Josh, je suis désolée… dit Juliette qui sent les larmes lui monter aux yeux.

– Il est super, le dossier, dit Josh en le feuilletant.

– C'est très gentil Josh. Tu sais, peut-être je…

Mais Josh n'écoute même pas.

– Incroyable, dit-il regardant fixement une page de photos dans le dossier.

– Qu'est ce que c'est? demandent Juliette et Chloé.

– C'est elle, s'exclame Josh en montrant une photo de Tara. It's the girl who stole the phone!

59

– Mais, dit Juliette, tu as dit que c'était un garçon…

– I mean, explique Josh, C'est la petite amie du gang leader.

– Mais on peut aller la voir. On pourra trouver des preuves de ton innocence! crie Chloé.

– What's going on? asks Freeman.

– That's the girl who stole the phone! says Chloe.

– Un instant, dit Juliette

– On n'a pas beaucoup de temps, dit Josh. J'ai promis au caseworker que je serai au hearing bien en avance. I shouldn't be here really…

– Un instant, répète Juliette. Je croyais qu'on devait laisser aux gens le bénéfice du doute, Chloé! Il faut quand même lui donner une opportunité de parler! J'ai son numéro de téléphone. Appelons-la.

– Mais elle niera. Et en plus elle réalisera ce que nous avons en tête. Et elle se débarrassera du mobile, dit Chloé. Donne-moi son adresse, j'irai chez elle!

– Non! Chloé, dit Josh. Si jamais son petit ami, Chop, se trouvait chez elle, tu… tu… Josh cherche ses mots, puis continue en anglais, you could be in danger. C'est à moi d'y aller.

– Il n'y a que toi qui devrais aller la voir! C'est commode, remarque Juliette sarcastique.

– Juliette, tu ne penses pas… qu'est-ce que c'est l'expression… to frame someone…?

– Un coup monté tu veux dire, répond Juliette. Mais n'importe! Nous n'avons pas le droit de la mêler à ça sans raison valable. C'est une fille fragile, dit Juliette.

– Fragile! J'ai vu à quel point elle est fragile, dit Josh en pensant à la façon dont Tara a sauté au cou de Chop quand elle a vu le mobile volé.

– Non seulement tu la reconnais sur la photo mais tu connais aussi son état psychologique! Puisque tu la connais si bien – comment s'appelle t-elle ? demande Juliette.

– Facile! dit Josh. Elle s'appelle Tara.

– Tu vois, exulte Chloé.

– Je vois, dit Juliette en regardant Josh droit dans les yeux. Je vois que tu feras et diras n'importe quoi pour embrouiller les choses, n'est-ce pas? Juliette retire son dossier des mains de Josh.

– Qu'est ce que ça veut dire, demande Chloé.

– La fille sur cette photo ne s'appelle pas Tara. Chloé, ne vois-tu pas que Josh se sert de toi*? Il se sert de nous tous, dit Juliette amèrement.

*****

Juliette est assise en face de Paul et Charlotte au milieu du wagon Eurostar á destination de Bruxelles.

– Juliette, dit Charlotte en feuilletant le dossier Violence. Tu ne vois pas que le programme *Violence* est trop déprimant pour entrer au PIJE! Charlotte tape d'un ongle bien limé une photo de Tara dans le dossier.

– Et cette fille n'est pas un V.I.P. N'est-ce pas Paul, ajoute Charlotte, donnant un coup de coude à Paul qui dort sur le siège à coté d'elle.

– Oui, Charlotte, tu as raison, comme d'habitude, marmonne Paul avant de se retourner pour continuer à dormir.

Juliette semble hypnotisée par le paysage vert qui défile à toute vitesse de l'autre coté de la vitre. Bientôt le train arrivera à Ashford, le seul arrêt avant le Channel.

– Ce n'est pas un sujet digne de Radio Franglais, persiste Charlotte, agitant les photos sous le nez de Juliette.

– Charlotte, soupire Juliette. Ce n'est pas possible de présenter *Charlotte Reçoit: The Best Of* au PIJE.

– Mais cette fille, elle n'a rien d'exceptionnel… gémit Charlotte…

Juliette regarde sa montre. Bientôt le train arrivera à Ashford. Et bientôt le hearing de Josh va commencer. *Quel dommage qu'il ait volé le mobile…* pense Juliette envahie par un sentiment de tristesse qui contraste durement avec le paysage ensoleillé qu'elle regarde.

–…à part un mobile dernier cri, continue Charlotte.

La voix de Charlotte résonne dans la tête de Juliette. *La fille n'a rien… mobile dernier cri… la fille… mobile…*

– Bouge-toi, Paul, dit Charlotte. Tu prends trop de place…

Le train ralentit. Juliette scrute les photos. D'abord les photos de Jasmine, le jour où Juliette l'a rencontrée au café avec son sac et son mobile sur la table. Le mobile n'a rien d'exceptionnel.

Et puis à la librairie. Jasmine a eu un coup de téléphone et Juliette a pris une photo superbe à côté d'un rayon de livres sur la 'communication'. Mais le mobile de Jasmine est toujours le même – ordinaire.

Et puis une photo prise le lendemain, quand Juliette a rencontré Jasmine au Kings Manor pour commencer l'enregistrement du programme.

Là! Là, sur la photo. Jasmine a un mobile tout neuf. Je me souviens, se dit Juliette, *elle a dit que son petit ami le lui avait donné! Elle a insisté pour le montrer et dire qu'il était tout petit mais très en avance techniquement.*

Le train arrive à Ashford. Juliette est la seule personne à se lever dans le wagon. Le train ne va pas rester longtemps en gare… Tout d'un coup Juliette tourne furieusement les pages du dossier et déchire un morceau de papier. Elle prend son sac et court vers la porte du train.

Une fois descendue sur le quai, elle regarde le train partir et les visages étonnés de Charlotte et Paul à travers la vitre.

Chapter 12

Achingly Fragile

Juliette looks longingly after the retreating black cab* which brought her from busy Waterloo Station to this isolated street. Glancing at the dark clouds above, she asks herself, *Where are the sunny skies of Kent? And what am I doing here, anyway? I should be in Brussels!*

Walking down the street Juliette strains to see the house numbers on crumbling brick walls and behind grouped wheelie-bins, comparing them to the address on the torn piece of paper she holds in her hand. Juliette can barely believe that she is here. *It's not like me to bolt from a train on impulse! That's more like something Chloe would do.*

Juliette stops across the street from Jasmine's house. Music blares out though the windows are closed. It seems Jasmine is *home… but is she alone?* Josh's words repeat in Juliette's mind, Si jamais son petit ami, *Chop, se trouvait chez elle… you could be in danger*. Juliette takes her mobile from her pocket. *I should give Chloe the address*, she thinks, *just in case*.

Juliette hesitates then returns the mobile to her pocket. *Jasmine's address is confidential. And besides, I'm just here to make doubly sure that I'm right and Josh is wrong. There is nothing dangerous in that. Nothing!*

Juliette rings the doorbell on Jasmine's house but there is no answer. Perhaps the music is drowning it out or perhaps it doesn't work. Frustrated, Juliette bangs on the door with her fists. A window flies open on the first floor and Jasmine pops her head out.

– You're early! AND you forgot your keys again! Ch… Tara shouts. Then she sees Juliette and abruptly stops talking.
– Jasmine could I come in a minute? asks Juliette.
– What? asks Tara. I mean, okay. I'll be right down.

*****

–What's more important, asks Juliette, a silly European prize or your radio career? That's what I asked myself. And that's why I'm here, Jasmine.
– Wow! That's really nice of you, says Tara.
– So, I'll just call the Battle of the Bands organisers and tell

them that you'll be doing a phone-in song. You'll be live on Radio Franglais! And it will be great publicity since it's for a good cause…

– What cause? asks Tara, picking up the house phone and handing it to Juliette.

– Oh a good cause… for teens… mumbles Juliette. Hey, why don't we use you use your super new mobile…

– Land line is cheaper. Besides it's probably not such a good idea to use the mobile. At least for now, that's what my boyfriend says.

– That's interesting, says Juliette. Why is that?

– I don't know. Something stupid. Doesn't matter, shrugs Tara.

– Okay, says Juliette, using the house phone and praying that Chloe will answer. But instead it's Freeman's voice on the line.

– Hi this is Juliette. No not in Brussels! I'm PHONING in… yes that's right PHONING in from LONDON… at the house of a very talented girl who has a FRAGILE voice…

– No, I don't! complains Tara.

– An *achingly fragile* voice, Juliette adds.

– Hmmm. Achingly fragile, muses Tara. I like that.

– Yes, she's going to sing over the PHONE to enter the Battle of the Bands. I think CHLOE will be really, really PLEASED to hear this… Thanks Freeman.

Juliette hands the phone to Tara.

– Go for it Jasmine. Give it all you've got. This could be your big break. Juliette smiles encouragingly. I'm so nervous for you that I have to leave the room…

Juliette closes the door softly as Tara breaks into song. Gathering her nerve and her wits for a moment in the hallway before she begins to search for the mobile, Juliette cannot believe how truly awful the voice blaring through the door, really is. *Did Freeman understand about the PHONE and the FRAGILE voice? Will he find Chloe or will he just cut Jasmine off?* Juliette has no time to waste.

*****

Freeman pulls the headphones from his ears – at the same time he searches the chaotic scene for Chloe. Relieved at finding her in the crowd of students working to set up the Concert he waves her over.

– What's up? asks Chloe

– I think Juliette has gone mad. First she claims she's not in Brussels and then this… Freeman shakes his head and passes his headphones to Chloe. Chloe's grimace as she listens to Tara makes Freeman laugh.

– See what I mean? he asks. Juliette said the girl had an achingly fragile voice. With the emphasis on FRAGILE! Juliette has no plans to become a talent scout I hope!

Chloe pushes the headphones from her ears. *Fragile! That was the word Juliette had used to describe the girl Josh claimed had the stolen phone!*

– Maybe I should just cut her off, says Freeman putting his hand on the phone-in panel.

– Where did Juliette call from? asks Chloe urgently.

– She didn't say exactly. Why…

– Keep the girl on the phone as long as possible, Chloe says putting her hand over Freeman's on the panel. Something's wrong. Juliette might be in danger. *Should I try her on her mobile or will that make things worse? I don't know what to do!*

Just at that moment, Chloe's mobile rings.

Chapitre 13

De Charybde en Scylla *

Juliette, à genoux, cherche le mobile volé sous le lit de Tara. Il n'y a que de la poussière. Juliette se lève et va jusqu'au bureau de Tara. Elle hésite à ouvrir les tiroirs. *Est-ce que ce serait trahir la confiance de Jasmine*, se demande-t-elle. Juliette s'assoit au bureau. Devant elle des livres sont étalés, l'un d'entre eux ouvert à la première page sur laquelle est inscrit un nom: Tara.

Josh avait raison, pense Juliette. Elle met sa main sur le tiroir du bureau. *Ce n'est pas une trahison si Jasmine n'existe pas! La seule personne que j'ai trahie, c'est Josh. Et pour ça il n'y a qu'un remède: trouver le mobile volé.*

D'une main, Juliette cherche dans le tiroir et avec son mobile dans l'autre main elle téléphone à Chloé…

– C'est moi Juliette.

– Pourquoi tu chuchotes, demande Chloé. Qu'est ce que tu fais?

– Quelle est l'adresse de l'ASBO hearing de Josh, demande Juliette tout en continuant à chercher.

– Où es-tu, Juliette?

– Je suis chez Jasmine. Non! Tara, chuchote Juliette.

– Je le savais! J'ai dit à Freeman qu'il fallait te faire

confiance.

– Chloé, tu es formidable. Tu comprends tout, dit Juliette. Dis à Freeman de rester au téléphone avec Tara à tout prix! Si elle termine une chanson, que Freeman lui dise que c'était super et qu'il en veut une autre.

– Juliette, tu cherches le mobile, n'est-ce pas, demande Chloé.

– C'est le minimum que je puisse faire pour Josh, chuchote Juliette. J'ai vraiment besoin de l'adresse du hearing et le nom de son caseworker si possible...

– Ne reste pas là-bas, insiste Chloé. Josh a dit que c'était dangereux. Il ne voudrait pas que tu fasses une chose pareille.

– Ne t'inquiète pas. Je m'en vais dés que j'ai trouvé le mobile.

– Pars maintenant, Juliette! Si le petit ami de Tara arrive...

Juliette regarde sur une étagère à coté de la fenêtre. C'est la même fenêtre par laquelle Tara a passé la tête avant d'ouvrir la porte de la maison. Juliette se souvient des mots de Tara, *You're early! Tu es en avance! Ca veut dire qu'elle attend quelqu'un! Espérons que ce ne soit pas son petit ami!*

Juliette jette un coup d'œil par la fenêtre. La rue est vide. Elle regarde la porte. Peut-être vaut-il mieux sortir. Elle pourrait témoigner* au hearing que Jasmine est Tara ou Tara est Jasmine. *Personne ne me croira sans le mobile. Après tout, je ne suis qu'un jeune comme Josh...* Juliette se remet à chercher sur l'étagère.

– Ne reste pas. Pars! insiste Chloé.

– Un instant, dit Juliette.

Elle a trouvé une boite cachée derrière des livres. Elle pose son mobile pour l'ouvrir. Le couvercle est coincé.

– JULIETTE! La voix de Chloé parvient faiblement du mobile posé sur l'étagère.

Juliette lutte avec le couvercle. Il ne bouge pas. Elle prend son mobile sous le bras et va jusqu'à la fenêtre pour mieux voir. Elle tire sur le couvercle de toutes ses forces. Enfin la boite s'ouvre et dedans se trouve le mobile avec sa couverture léopard. Toute excitée, Juliette laisse tombe son propre mobile par terre. Elle se baisse pour le ramasser.

– Je l'ai trouvé, exulte Juliette. Quelle est l'adresse du hearing...

– Téléphone-moi quand tu seras loin de la maison. Je te donnerai tous les renseignements. Attends, Juliette... What's wrong Freeman...?

Juliette se relève et se fige sur place. À travers la fenêtre elle voit un groupe de garçons avançant dans la rue vers la maison de Tara. Au coin de la rue, ils s'arrêtent puis se séparent. *You're early. Tu es en avance.* Les mots de Tara résonnent dans la tête de Juliette. *Ces garçons n'ont peut-être rien à voir...* Juliette essaie de se calmer.

– OH NO! Juliette, il FAUT partir maintenant. On a perdu Tara, la ligne a été coupée...

La voix de Chloé pousse Juliette à bouger. Arrivée devant la porte de la chambre de Tara, elle voit la poignée tourner. La porte s'ouvre.

– I was cut off, se plaint Tara, le téléphone en main. I need the number to call back...

– Je cherchais les toilettes... dit Juliette tellement choquée qu'elle en oublie de parler en anglais.

– I was singing like a star, dit Tara. And then, all of a sudden...

Juliette essaie de cacher le mobile volé mais Tara le voit.

– Hey! What are you doing with that mobile, demande Tara. Chop is not going to be happy...

Juliette ne sait pas comment sortir car Tara se tient juste

dans l'encadrement de la porte. Soudain elle jette le mobile en air. Les deux filles regardent le mobile, avec son couvercle léopard, monter vers le plafond comme un animal sautant dans la forêt.

– What do you think you're doing, demande Tara. Elle s'écarte* de la porte pour pouvoir attraper le mobile.

Juliette saisit l'opportunité et court. Elle ne pense même pas au mobile volé. Elle n'a qu'une seule pensée en tête: s'éloigner aussi rapidement que possible. En bas de l'escalier Juliette s'arrête. Il y a un bruit. *Pourvu que ce soit le facteur*, prie Juliette. Son sang se glace quand les mots de Tara lui reviennent en mémoire… *And you forgot your key… et tu as oublié ta clef...* Juliette regarde la porte s'ouvrir. Les yeux fixés sur la porte, elle remonte l'escalier en marche arrière. A mi-chemin elle s'arrête nette.

– I never told her about the phone! Honest Chop,

pleurniche Tara du haut de l'escalier.

Juliette détecte la peur dans sa voix. *Jasmine/Tara a menti au sujet de beaucoup de choses. Mais elle a dit la vérité en ce qui concerne son petit ami. Il a l'air méchant*, pense Juliette coincée entre Tara dans son dos et le gang leader, Chop, qui monte l'escalier lentement mais sûrement et se dirige vers elle.

Chapter 14

It's Good To Talk*

Juliette continues her retreat up the stairs and down the narrow hallway of Tara's house while Chop slowly advances. In her head Juliette asks herself, *Why don't I just tell him to get out of my way? Why don't I just tell him I'm leaving?*

But she knows why. It would be dangerous to bring on the confrontation immediately. She needs to play for time to think of some way out. Behind her she can hear Tara.

– I never told her about the mobile Chop, Tara whinges. She was nosing around* and she found it. I swear!

Chop's silence is chilling*. Tara continues to babble about Kings Manor and how Juliette fooled her into singing for the Battle of the Bands just so she could snoop around the house. Juliette bumps against a door frame and then through the door and back into the living room where this had all started. Continuing to back up, Juliette finally finds herself trapped against the sofa. There is no place left to go. Her knees buckle and she collapses onto the cushions.

Chop's lips curl up in something resembling a smile but there is no friendliness in his face. Still staring down at Juliette he holds out his hand to Tara. She immediately puts the stolen phone into his outstretched palm. He snaps his fingers and points at a straight-backed chair. Tara hurries to bring it to him.

Chop turns it round with one hand, puts it down and sits on it back to front. He tips the chair forward so that his face is leaning in towards Juliette's. As she shrinks against the back of the sofa, she can feel her mobile digging into her back. With Chop's unwavering gaze on her, Juliette doesn't even try to reposition it

– Tara! barks Chop.

– Yes, squeaks Tara.

– Come here, baby, he holds out his arm and Tara nestles in it.

– You are not a nice girl, Chop says sternly to Juliette. Tara invites you into her house and what do you do? You go snooping around. Is that nice?

– No it isn't nice! says Tara.

Chop reaches out his finger and places it on Tara's lips. Then he winks at her.

– I was talking to our guest, Tara.

– Is this how you always treat your guests? asks Juliette.

– Baby! laughs Chop. You didn't tell me your friend had such a great voice. What is that accent?

– It's just French, pouts Tara. It's not that great.

Chop pushes Tara away, stands up and whips the chair around the other way. Juliette watches him carefully. *If only he would look away an instant maybe I could position the phone so I could hit the redial button.*

Chop sits down again with his knees almost touching Juliette's and without looking away from her for an instant. *But how can I distract him?*

– Say something in French, prompts Chop with his first really friendly smile.

Tara tries to put her arm around Chop but he leans forward and shrugs it off. Tara glares at Juliette, who suddenly thinks of a plan!

– Parle Français? smiled Juliette. D'accord… Bonjour Chop.

– That's so cool!

– It's not that cool, protests Tara. All French people can do it!

– You could speak French, says Juliette letting a French accent tinge her speech.

– Yeah! Sure I could. If someone would teach me, says Chop.

– That would be veerrryyy easy, smiles Juliette, really piling on the accent.

– You mean you could teach me? asks Chop.

– Maybe, says Juliette.

– What a waste of time, pouts Tara. What good will French do you here?

– You think I'm going to stay here all my life? asks Chop without even looking at Tara.

– It's where I am, purrs Tara, once again failing to get Chop's attention.

– Is it true that even kids drink wine in France? asks Chop.

– Sometimes, says Juliette.

– How about a first lesson? Let's pretend the two of us are in a fancy restaurant in Paris, says Chop.

– That's the only kind I go to, says Juliette.

Tara cannot stand it any longer.

– What about me? she stamps her foot. I want to go to a fancy restaurant.

Chop waves her away. But she grabs his arm and turns him towards her. He stands up facing away from Juliette.

Juliette reaches into the pocket of her raincoat which is twisted behind her back. She doesn't dare take the phone out.

– What do you think you're doing, Tara, Chop menaces.

– Don't get taken in by that French stuff, she pleads with Chop. She's just a big snob...

– I'm not taken in by anything or anyone, says Chop. Not by her, he adds turning to Juliette who freezes.

– And not by you, he turns back to face Tara.

Juliette feels the buttons of the phone. She presses what she hopes and prays is the redial button on her phone. Chloe was the last person she called so with any luck...

– I know you told her about the phone, Chop says to Tara. I know you can't keep your mouth shut. So you asked for this. If I want to have some fun while I'm at it, that's up to me! Quiet – while I do business.

Before Chop turns around, Juliette eases the phone onto the cushions, pushing it forward but covering it with her raincoat so that if Chloe answers she'll hear everything. Now, thinks Juliette, *I have to make Chop say something worth listening to!*

– Okay, says Juliette raising her voice. Let's stop the games! I've got friends who must be wondering where I am!

*****

Before the first ring is finished, Chloe has the phone to her ear. Freeman is also listening in.

– Juli… Chloe abruptly stops speaking.

– What's wrong? asks Freeman.

– I can hear her but she's not talking to me, whispers Chloe.

– Maybe she can't talk…

*****

– No more games, Frenchy, says Chop sitting down again.

– You would be crazy to do anything to me, Juliette says sitting up as tall as she can.

– Don't be so sure, laughs Chop.

– Why would you take a risk? I haven't got a big mouth, Juliette stares at Tara. Like some people.

– That's good to know, says Chop.

– Besides, I know someone who got into big trouble when he got in your way.

– Who?

– Someone who is missing a wallet. You know who I mean, says Juliette.

*****

– Chloe, whispers Freeman. This is the proof that Juliette is after. Chloe nods excitedly and presses the Record Button on the phone.

– The ASBO Hearing… says Chloe.

– Yeah, agrees Freeman as the pair race from the room.

*****

– Oh! Radio Boy! I should have known, laughs Chop. I guess we understand each other. You say nothing about finding the phone here…

– I say nothing about the phone you stole…

– And you never come back here…

– This part of town isn't exactly my style, taunts Juliette, looking Tara up and down. I'm more Brompton Road* than 24 Rowland Ave. Juliette smoothes her expensive raincoat taking the opportunity to inch the mobile closer to her pocket.

– I can't believe I'm listening to this stuck-up spoiled brat! Tara stamps her foot, once again distracting Chop.

Juliette tucks the mobile into her pocket and stands up.

– I guess it's time for me to leave you two lovebirds alone, says Juliette.

– Remember, says Chop. I can make trouble.

– Speaking of which, says Juliette. Whatever happened to my friend's wallet?

– What's it to you? Chop growls.

– I'm doing some early Christmas shopping, shrugs Juliette.

– Radio Boy could use a new wallet. His old one went for a swim in the Thames, laughs Chop.

Chapitre 15

Joyeux Noël

Juliette se fraie un passage à travers la foule des collégiens de White Tower et du Lycée qui dansent au Concert Solidarity. Le Concert s'est rapidement transformé en grande fête quand l'enregistrement de la conversation entre Juliette et Chop a convaincu les autorités du ASBO hearing de l'innocence de Josh.

Maintenant, quelques heures après la fin du ASBO hearing, le gymnase de White Tower est plein à craquer. Le plancher, les murs et même le plafond vibrent de la musique des groupes.

– Pardon! Excuse me! répète Juliette, qui est presque arrivée de l'autre coté du gymnase où Josh est assis tout seul près d'une porte donnant sur une terrasse.

Juliette sort de son sac un paquet cadeau. *Cette fois*, pense-t-elle, *je vais réussir. Je vais lui donner ce maudit cadeau, m'excuser d'avoir douté de lui, et je pourrai enfin partir… aucun intérêt à rester pour l'annonce du PRIX PIJE… puisque nous n'avons aucune chance de gagner…* Mais au moment même où Juliette émerge de la foule, Josh se lève pour danser avec Jessica.

Juliette s'appuie sur la porte du gymnase de White Tower.

De l'autre côté, sur la petite terrasse, on peut voir un arbre couvert de délicates fleurs blanches. Devant les yeux de Juliette les fleurs se transforment bizarrement en morceaux de glace brillant dans cette douce nuit de printemps.

Puis, Juliette s'essuie les yeux et les morceaux de glace redeviennent des fleurs printanières. *Bête, bête, bête*, se reproche Juliette. *Bête de penser que Josh voudra écouter mes excuses… De toute évidence il cherche à m'éviter à tout prix*. Soudain Juliette se sent éreintée. C'est peut-être le contre-coup* d'une journée tour à tour terrifiante et triomphante.

Terrifiante: au moment où elle a vu la porte de la maison de Tara s'ouvrir sur Chop. Et le triomphe restera toujours pour elle cette scène après l'ASBO hearing quand Paul a téléphoné pour apprendre le verdict. Charlotte a insisté pour les interviewer tous *en direct* sur leur rôle dans la saga de Josh. Pour une fois toute l'équipe de Radio Franglais était d'accord: *Charlotte Reçoit* avait de vrais V.I.P. comme invités!

Mais maintenant Juliette n'en peut plus. Elle a besoin de s'éloigner de la musique assourdissante et de respirer l'air du printemps. Assise sur un banc en dessous de l'arbre fleuri, Juliette regarde le cadeau emballé dans du papier de Noël qui semble particulièrement stupide par une soirée pareille!

Quelle bêtise de penser que Josh verra le paquet et pensera aussitôt aux paroles que Juliette a adressées à Chop, 'I'm doing some early Christmas shopping.' Comme si ça pouvait rendre ses excuses plus faciles. Comme si ça pouvait être une plaisanterie secrète entre eux. Juliette pose le paquet sur le banc et se lève lentement pour partir.

– Bête, se dit Juliette. Tout simplement bête.

Puis elle sursaute en entendant quelqu'un parler à voix basse.

– Pardon ? Tu as dit quelque chose, demande Josh.

82

– Non, balbutie Juliette. Je n'ai rien dit.

– Je croyais…

– Non, non, rien du tout…

– Tu t'en vas…

– Oui…

– Avant l'annonce du PIJE…

– Non… Oui… non… je veux dire… je suis fatiguée…

– Bien sûr. Je ne veux pas t'empêcher…

– NON! Non. Ce n'est pas ça…

– Ecoute Juliette, je comprends… tu ne veux pas en parler. Je comprends que tu ne veuilles pas me parler. C'est à cause de moi que Radio Franglais va perdre le PIJE…

– Pas du tout! C'est mon attitude qui nous a fait perdre…

– Tu as tort! C'est à cause de moi. C'est évident. Tu ne peux pas le nier.

– Mais je t'assure… commence Juliette. Puis elle se tait.

Nous nous disputons encore! Nous ne pouvons pas nous parler sans déclencher une bagarre. En fait, c'est peut-être une très bonne chose que nous ne soyons pas les Jeunes Ambassadeurs. On déclencherait la Troisième Guerre Mondiale!

Josh s'appuie contre une branche basse de l'arbre. Une petite pluie de fleurs tombe.

– Tu as travaillé dur pour gagner, dit Josh. C'est facile de voir combien le Prix a de l'importance pour toi…

– Parfois la réalité et ce qu'on voit sont deux choses différentes. Il y a des choses plus importantes que le Prix PIJE.

– Looks can be deceiving… ça c'est sûr!

– Les apparences peuvent être trompeuses. Oui!

– Oui.

– Oui.

Dans un silence gênant* Josh remarque le paquet.

83

– Here's an example, dit Josh. Ca semble être un cadeau de Noël mais nous sommes fin mai…

– C'est idiot, n'est-ce pas, dit Juliette. C'est pour toi…

Josh déchire le papier.

– Un portefeuille, s'exclame Josh. Pour remplacer celui que Chop m'a volé!

Juliette hoche la tête.

– Merci, ajoute Josh, prenant Juliette par les épaules pour l'attirer vers lui sous les branches basses de l'arbre fleuri.

Il lui fait une bise sur chaque joue. *Très biculturel*, pense Juliette.

– Comment as-tu trouvé le courage de faire parler Chop comme ça! s'émerveille Josh. Faire tes courses de Noël en avance, Josh rigole.

Juliette se demande si Josh a tout compris au rituel français de la bise, puisque non seulement il ne la lâche pas mais il la serre plus fort et l'attire de plus en plus vers lui…

Josh s'appuie encore contre l'arbre et des fleurs blanches tombent autour d'eux. Juliette se retrouve soudain au milieu du silence comme si la musique de la fête s'était arrêtée pour la première fois de la soirée.

Dans le silence et avec les fleurs qui tombent autour d'elle, Juliette a soudain l'impression bizarre de se trouver dans une de ces boules de Noël. C'est comme si un géant secouait la boule pour provoquer une tempête de neige sur la vieille terrasse aux pavés craquelés.

LE PRIX PIJE EST ANNONCE.

WE CAN ANNOUNCE THE WINNER OF THE SPIE PRIZE.

L'annonce en français et en anglais déchire le silence.

LE PROJET GAGNANT EST LE REPORTAGE *JEUNES ET LA JUSTICE* DE CHARLOTTE RECOIT EN DIRECT.

RADIO FRANGLAIS WINS THE SPIE PRIZE.

Josh et Juliette se mettent à sauter sur place comme des enfants. La tempête de fleurs passe, douce et blanche. On croirait une soirée de décembre en plein mois de mai !

– Joyeux Noël Juliette, crie Josh.

– Joyeux Noël Josh, rigole Juliette.

Puis une pensée lui vient a l'esprit. *Josh et moi sommes des Jeunes Euro-Ambassadeurs. Avec notre histoire de conflits et de malentendus, qu'est ce que cela signifie pour la paix mondiale…*

ai
ux

é veut monter un programme 'Bataille des Groupes' parce

e veut que White Tower et le Lycée s'opposent
le trouve que c'est une bonne idée et qu'en plus elle aime
Freeman
le veut devenir une star de rock

r 4
and Juliette both want to do a programme about 'teen on
violence'
rue
alse

ritain, teens who wear 'hoodies' are sometimes asked to
e stores
rue
alse

tre 5
iette transporte une grande boîte à mouchoirs en papier
ce que
elle est triste de ne pas pouvoir participer à 'la bataille des
upes'
elle a un rhume
elle pense rencontrer beaucoup de jeunes 'victimes de
lences' au Kings Manor

sh 'saute de douleur' parce que
Josh a foncé dans un panneau publicitaire
Juliette a frappé Josh sur le nez
Josh s'est fait percer les oreilles

Vocabulaire

Bouche bée: la bouche ouverte d'admiration, d'étonnement, de stupeur; rester sans savoir quoi dire

Cacophonie (la): assemblage confus ou discordant de voix, de sons

Calvaire (le): épreuve longue et douloureuse

Cent pas (faire les): marcher à pas mesurés

Contre-coup (le): répercussion d'un coup, d'un choc; évènement qui se produit en conséquence indirecte d'un autre

Charybde en Scylla: l'expression 'voguer de Charybde en Scylla', qui signifie éviter un péril pour tomber sur un autre – équivalent à l'expression anglaise 'out of the frying pan into the fire'

Ecarter (s'): s'éloigner

Extra: abréviation d'extraordinaire, super

Frayer (se): ouvrir un chemin en écartant les obstacles

Fringues (familier): vêtements

Gémir: exprimer sa souffrance d'une voix plaintive; manifester sa douleur, son infortune par des plaintes

Génant(e): embarrassant, ennuyeux

J'accuse: une phrase rendue célèbre dans un article d'Emile Zola pendant l'affaire Dreyfus (1898)

Jubile (Jubiler): se réjouir vivement de quelque chose

Magnéto (magnétophone un): appareil d'enregistrement et de reproduction des sons

Nier: contester, démentir

Nuit (nuire): constituer un danger; causer du tort

Régal (un): ce qui cause un grand plaisir

Scruter: examiner attentivement par la vue; fouiller du regard

Servir de quelqu'un (se): utiliser, exploiter quelqu'un à son profit

Témoigner: certifier qu'on a vu ou entendu; déclarer en justice en tant que témoin

Glossary

Are we having fun yet?: this is an ironic expression which really means that no fun is being had at all!

ASBO: Anti Social Behaviour Order – a recent measure to combat perceived youth crime

Black cab: the famous London cabs – drivers pass a rigorous test called The Knowledge

Bob and weave: to feint or evade either physically or with language

Brompton Road: a posh street in London

Buzz off: a slang expression for 'go away' or 'leave me alone'

Chilling: inspiring a feeling of fear or dread

Duh: slang to express disdain for someone missing the obviousness of something

Gingerly: in a careful or cautious manner

Hoodie (hoody): a slang expression for a hooded upper garment or for a youth wearing it. In Britain such youths are viewed unfavourably.

It's good to talk: a phrase popularised by a TV advertisement campaign, expressing the idea that 'talking' to one another is very positive

Nosing around: prying or searching

Pre-recorded clip: a short sequence of a programme which is played back on the radio

Righting (to right): correct a mistake, set in order, restore

Self-help: theories, actions or materials dedicated to self-improvement

Set-up: a situation in which a person is made to look foolish, or in which someone is framed

Spooky: slang for uncanny, can also mean frightening

Ur Phone: text language for Your Phone.

QUI

Chapitre 1

1. Mr. Pincus est parfaitement biling
   a) Vrai
   b) Faux

2. Charlotte fait semblant de tomber
   a) elle pense que Juliette devrait s'
   b) elle veut faire sortir Juliette du s
   c) elle trouve ça amusant

Chapter 2

3. Josh jumps over the White Tower st
   a) he wants to show how happy he i
   won the game
   b) Adit and Will are chasing him and
   c) he wants to run to a playground an
   d) none of the above

4. Josh turns his school uniform inside c
   a) he is ashamed of it
   b) he spilled a drink on it
   c) he wants to slip into the Lycée with

Chapitre 3

5. La boîte à suggestions de Radio Frangl
   craquer'

a) Vr
b) Fa

6. Chlo
   que
   a) el
   b) el
   bien
   c) el

Chapt

7. Josh
   teen
   a) T
   b) H

8. In f
   lea
   a) T
   b)

Chapi

9. Jul
   pa
   a)
   gr
   b)
   c)
   vi

10. J
    a)
    b
    c

Chapter 6

11. The 'crying girl' at Kings Manor is angry that her girlfriends gave her money for her birthday.

    a) True

    b) False

12. Josh wants to get thrown out of the Kings Manor newsagent because

    a) he thinks it will prove his point that teens are sometimes unfairly treated

    b) he thinks that Juliette wants him to get thrown out of a newsagent

    c) he thinks newsagents are part of a conspiracy against teens

Chapitre 7

13. Charlotte ne veut pas interviewer un 'tas de perdants' parce que

    a) elle est triste pour ceux qui ne gagnent pas

    b) elle trouve que ceux qui perdent ne peuvent pas être des V.I.P.s

    c) son père lui a interdit d'interviewer les perdants

14. Le mobile de Josh n'a pas enregistré son interview avec Chop et le gang

    a) Vrai

    b) Faux

Chapter 8

15. Tara is really a pop star with the stage name of Jasmine

    a) True

    b) False

16. Juliette buys self-help books for Tara/Jasmine because

    a) Tara/Jasmine insists that she needs them

    b) Juliette thinks that reading them will give Tara/Jasmine self-confidence

c) Juliette and Tara want to read the books on air on Radio Franglais

Chapitre 9

17. En écoutant la chanson Can We Parle Franglais Juliette réalise que la musique rassemble les jeunes

    a) Vrai

    b) Faux

18. Chloé demande à Juliette si elle a vu Josh au Kings Manor parce que

    a) elle veut demander à Josh de lui acheter un journal

    b) elle a eu un coup de téléphone d'un étudiant de White Tower qui travaille à la sécurité du magasin Ur Phone, au sujet de Josh

    c) elle a envie de donner un mobile tout neuf à Josh

Chapter 10

19. Josh follows Chop and the gang into Ur Phone because

    a) he wants to steal the 'leopard phone' for Tara

    b) he wants to record the moment that Chop and the gang get thrown out of the store

    c) he wants to be part of the gang

20. Chop steals Josh's phone and wallet

    a) True

    b) False

Chapitre 11

21. Josh est venu au studio de Radio Franglais parce que

    a) il veut faire des reproches à Juliette

    b) il veut prendre une affiche du Concert Solidarité pour montrer au Juge à son audition ASBO

    c) son 'caseworker' lui a dit d'y être à midi pile.

    d) ni 'a', ni 'b', ni 'c'

22. Josh insiste pour que Chloé aille tout-de-suite chez Tara/Jasmine pour récupérer le mobile volé

    a) Vrai

    b) Faux

Chapter 12

23. Tara/Jasmine is surprised to see Juliette at her door

    a) True

    b) False

24. Juliette tells Freeman that Tara/Jasmine's voice is 'fragile' because

    a) she doesn't want Freeman to make Tara/Jasmine sing too long

    b) she wants Tara/Jasmine to be careful not to hurt her voice when she sings

    c) she wants to send a signal to Chloe that she is at Tara/Jasmine's house

Chapitre 13

25. Juliette sait que Jasmine est vraiment Tara parce que

    a) la maman de Tara le révèle à Juliette

    b) Juliette trouve le nom de Tara sur la boîte du mobile volé

    c) Juliette trouve le nom de Tara sur un livre sur le bureau dans la chambre de Tara

26. Juliette jette le mobile volé en air pour faire bouger Tara de la porte de sa chambre

    a) Vrai

    b) Faux

Chapter 14

27. Juliette decides to speak in a strong French accent because

    a) she thinks that Chop will find it 'sexy'

    b) she thinks that Chop won't understand what she says

c) she thinks it will please Tara

28. Juliette presses the 'redial' button on her phone because she is bored
    a) True
    b) False

Chapitre 15

29. Juliette veut faire un cadeau a Josh parce que c'est Noël
    a) Vrai
    b) Faux

30. Le programme qui a gagné le PIJE est
    a) Charlotte Reçoit en Direct
    b) Teens Criminalized by the System
    c) Violence: Jeunes Victimes ou Victimes des Jeunes
    d) ni 'a', ni 'b', ni 'c'

Réponses – QUIZ – Answers

1. b	11. b	21. d
2. b	12. a	22. b
3. d	13. b	23. a
4. c	14. a	24. c
5. b	15. b	25. c
6. b	16. b	26. a
7. b	17. a	27. a
8. a	18. b	28. b
9. c	19. b	29. b
10. a	20. a	30. a